U0821476

2022
经济形势与政策导读

河北省社会科学院　编

中国财经出版传媒集团
中国财政经济出版社

图书在版编目（CIP）数据

2022·经济形势与政策导读 / 河北省社会科学院编. --北京：中国财政经济出版社，2022.9
ISBN 978-7-5223-1550-8

Ⅰ.①2… Ⅱ.①河… Ⅲ.①中国经济-经济发展趋势-研究 ②中国经济-经济政策-研究 Ⅳ.①F120

中国版本图书馆CIP数据核字（2022）第116845号

责任编辑：苏小珺　　责任校对：胡永立
封面设计：北京兰卡绘世　　责任印制：党　辉

2022经济形势与政策导读
2022 JINGJI XINGSHI YU ZHENGCE DAODU

中国财政经济出版社 出版
URL：http：//www.cfeph.cn
E-mail：cfeph@cfeph.cn

社址：北京市海淀区阜成路甲28号　邮政编码：100142
营销中心电话：010-88191522
天猫网店：中国财政经济出版社旗舰店
网址：https：//zgczjjcbs.tmall.com
北京时捷印刷有限公司印刷　各地新华书店经销
成品尺寸：185mm×260mm　16开　13.5印张　176 000字
2022年9月第1版　2022年9月北京第1次印刷
定价：65.00元
ISBN 978-7-5223-1550-8
（图书出现印装问题，本社负责调换，电话：010-88190548）
本社质量投诉电话：010-88190744
打击盗版举报热线：010-88191661　QQ：2242791300

前　言

为深入学习、宣传、贯彻党的十九大和十九届历次全会及全国两会精神，帮助广大干部群众了解和把握当前经济形势与经济政策，针对当前我国经济发展中出现的一些热点、难点和焦点问题，我们组织有关专家编写了《2022·经济形势与政策导读》。

本书在编写过程中，以习近平新时代中国特色社会主义思想为指导，力求用通俗易懂的大众语言，生动形象地分析当前经济形势，阐释重大经济政策，并结合河北省实际，对推动河北省经济发展提出一些建设性意见和建议，使之具有较强的现实性和针对性。本书是广大干部群众深入了解当前经济形势、准确把握全国及河北省经济政策以及组织开展形势政策教育的重要辅助教材。

编者

2022 年 6 月

目　录

1 稳字当头，稳中求进

——着力稳定宏观经济大盘

2021 年中央经济工作会议总结了当年经济工作，深入分析国际、国内经济形势，对 2022 年经济工作作出全面部署，强调经济工作要稳字当头、稳中求进；着力稳定宏观经济大盘，保持经济运行在合理区间。2022 年李克强总理所作的《政府工作报告》提出，“着力稳定宏观经济大盘，保持经济运行在合理区间”，将 2022 年国内生产总值增长的预期目标确定为 5.5% 左右。这属于高基数上的中高速增长，既统筹考虑了近两年平均经济增速和国家“十四五”规划目标，又着眼于国内环境变化和稳就业、保民生、防风险的现实需要，体现了“稳字当头、稳中求进”的总基调，追求以全面的“稳”确保高质量的“进”。

一、正确认识当前我国经济发展形势

过去的 2021 年是党和国家历史上具有里程碑意义的一年。以习近平同志为核心的党中央团结带领全党全国各族人民，隆重庆祝中国共产党成立一百周年，胜利召开党的十九届六中全会、制定党的第三个历史决议，如期打赢脱贫攻坚战，如期全面建成小康社会、实现第一个百年奋斗目标，开启全面建设社会主义现代化国家、向第二个百年奋斗目标进军新征程。一年来，面对复杂严峻的国内外形势和诸多风险挑战，全国上下共同努力，统筹疫情防控和经济社会发展，全年主要目标任务较好完成，“十四五”实现良好开局，我国发展又取得新的重大成就。

一是经济保持恢复发展。国内生产总值达到 114 万亿元，增长 8.1%，符合 6% 以上的预期目标，2020 年、2021 年两年平均增长 5.1%，在全球主要经济体中名列前茅。全国财政收入突破 20 万亿元，增长 10.7%。城镇新增就业 1269 万人，城镇调查失业率平均为 5.1%。居民消费价格上涨 0.9%。国际收支基本平衡。

二是创新能力进一步增强。国家战略科技力量加快壮大。强化创新引领，加强国家实验室建设，推进重大科技项目实施。关键核心技术攻关取得重要进展，载人航天、火星探测、资源勘探、能源工程等领域实现新突破。企业研发经费增长 15.5%。数字技术与实体经济加速融合。

三是经济结构和区域布局继续优化。着力培育完整内需体系，改善需求结构。2021 年社会消费品零售总额超过 40 万亿元，比 2020 年增长 12.5%；固定资产投资（不含农户）超过 50 万亿元，比 2020 年增长 4.9%。内需对经济增长的贡献率达 79.1%，比 2020 年提高 4.4 个百分点。粮食产量 1.37 万亿斤，创历史新高。高技术制造业增加值增长 18.2%，信息技术服务等生产性服务业较快发展，产业链韧性得到提升。区域发展战略有效实施，新型城镇化扎实推进。

四是改革开放不断深化。在重要领域和关键环节推出一批重大改革举措，供给侧结构性改革深入推进，供给体系质量和水平稳步提升。“放管服”改革取得新进展，涉企审批手续和办理时限继续压减，更多政务服务事项实现一网通办。市场主体总量超过 1.5 亿户，其中企业 4842 万户，个体工商户 1.03 亿户。高质量共建“一带一路”稳步推进。推动区域全面经济伙伴关系协定生效实施。货物进出口总额增长

21.4%，全年实际使用外资1.15万亿元，创历史新高，比2020年增长14.9%，我国继续成为引进外资的热土。中国等10个国家已完成《区域全面经济伙伴关系协定》（RCEP）核准，2022年1月1日正式生效。

五是生态文明建设持续推进。污染防治攻坚战深入开展，主要污染物排放量继续下降，地级及以上城市细颗粒物（PM2.5）平均浓度下降9.1%，3641个国家地表水考核断面中，水质优良断面比例为84.9%，上升1.5个百分点。第一批国家公园正式设立。2021年，全国339个地级及以上城市平均空气质量优良天数比例为87.5%，比2020年提高0.5个百分点；全年空气质量达标的城市占64.3%。生态环境质量明显改善。天然气、水电、核电、风电、太阳能发电等清洁能源消费占能源消费总量比重比2020年提高1.0个百分点，煤炭消费占比下降0.8个百分点。绿色产品产量快速增长，绿色低碳转型加快推进。

六是人民生活水平稳步提高。居民人均可支配收入实际增长8.1%。脱贫攻坚成果得到巩固和拓展。基本养老、基本医疗、社会救助等保障力度加大，上调退休人员基本养老金，提高优抚标准。把更多常见病、慢性病等门诊费用纳入医保报销范围，城乡居民基本医疗保险参保居民政策范围内住院费用报销比例保持在70%，住院费用跨省直接结算率达到60%。加大农村义务教育薄弱环节建设力度，教育改革发展迈出新步伐。保障性住房建设扎实推进，新开工改造城镇老旧小区5.6万个，惠及近千万家庭。引导灵活就业人员参加住房公积金制度，完成异地购房提取等5项高频服务事项“跨省通办”。

七是疫情防控成果持续巩固。坚持外防输入、内防反弹，不断优化常态化防控措施，及时有效处置局部地区聚集性疫情。加强疫苗生产供应，分地区、分年龄段推进疫苗接种，疫苗全程接种覆盖率超过85%。我国有力、有效的疫情防控，保障了人民生命安全和身体健康，维护了正常生产生活秩序。

资料链接

2022年《政府工作报告》指出：回顾过去一年，成绩得来殊为不易。我国经济尚处在突发疫情等严重冲击后的恢复发展过程中，国内外形势又出现很多新变化，保持经济平稳运行难度加大。我们深入贯彻以习近平同志为核心的党中央决策部署，贯彻落实中央经济工作会议精神，完整、准确、全面贯彻新发展理念，扎实做好"六稳""六保"工作，注重宏观政策跨周期和逆周期调节，有效应对各种风险挑战，主要做了以下工作：

一是保持宏观政策连续性针对性，推动经济运行保持在合理区间。

二是优化和落实助企纾困政策，巩固经济恢复基础。

三是深化改革扩大开放，持续改善营商环境。

四是强化创新引领，稳定产业链供应链。

五是推动城乡区域协调发展，不断优化经济布局。

六是加强生态环境保护，促进可持续发展。

七是着力保障和改善民生，加快发展社会事业。

八是推进法治政府建设和治理创新，保持社会和谐稳定。

但我们也清醒地看到面临的问题和挑战。综合研判国内外形势，2022年我国发展面临的风险挑战明显增多，必须爬坡过坎。

从国际形势来看，外部环境更趋复杂严峻和不确定，将通过多种渠道给我国经济平稳运行带来不利影响。一是世界经济复苏动力不足。受疫情、量化宽松政策退出等影响，美欧等发达经济体经济增速可能放缓，一些新兴市场国家经济恢复将面临更多困难。地缘政治紧张等也可能引发新的全球风险。国际货币基金组织最新预计，2022年全球经济增长4.4%，明显低于2021年的5.9%。二是全球通胀压力居高不下。大宗商品价格高位波动，一些重点原材料、关键零部件、中间产品等供应短缺，全球通胀率持续走高，一些国家为了应对通胀，大幅提高利率水平。三是主要经济体宏观政策转向的外溢效应将逐步显现。2022 年 3 月，美联储正式启动加息，年内可能加息多次。在利率上行背景下，发达经济体政府债务可持续性面临考验，一些新兴市场国家可能面临跨境资金流出、股市震荡、货币贬值等冲击，其外溢效应可能对我国经济金融稳定运行造成影响。

从国内形势来看，经济发展面临需求收缩、供给冲击、预期转弱三重压力，新的下行压力凸显。一是有效需求依然不足，国内消费需求和投资需求增速呈现双下降趋势。消费方面，近两年居民人均可支配收入平均实际增长 5.1%，增速比疫情前的 2019 年放缓 0.7 个百分点，消费能力、消费意愿有所减弱。受疫情影响，餐饮住宿、旅游出行、文化娱乐等线下接触性消费恢复较慢。2021 年我国餐饮、旅游、电影票房收入分别比 2019 年下降 1.1%、49%、26.5%。大宗消费增长后劲不足，汽车消费潜力释放受限，家电、家具、家装等居住相关消费走弱。投资方面，一些行业企业投资意愿不强，技术改造面临人才、技术、资金等制约。房地产土地购置面积下降，开发投资增速下滑。一些地方项目前期工作准备不充分，土地等要素保障不足，可能影响基础设施投资增速。二是供给存在结构性短缺。企业生产仍面临要素短缺等问题，煤炭和电力供应保障仍然存在一些制约因素，石油天然气等大宗商品供应履约易受全球供求形势变化、地缘政治风险上升等影响，缺芯、缺柜、缺工等问题仍不同程度存在。高技术产业发展面临的国际环境更加严峻，科技创新能力还有待加强。资源环境压力也会对部分产品供给形成一定约束。三是企业生产经营困难。2021 年三季度以来，受疫情、汛情、能源原材料供应紧张等因素影响，工业主要运行指标回落，企业综合成本上涨，中下游企业消化成本压力较大，盈利能力减弱。目前不少市场主体特别是小微企业和个体工商户对市场前景存在担忧，稳就业任务更加艰巨。四是经济金融领域风险不容小视。一些高负债、盲目扩张的企业风险暴露。部分中小银行资产质量下降，部分地区金融风险仍在积聚。一些地方经济恢复发展困难较多，基层财政收支矛盾仍较突出。

形势越是复杂，我们越是要保持战略定力和坚定信心。中央经济工作会议指出："我国经济韧性强，长期向好的基本面不会改变。无论国际风云如何变幻，我们都要坚定不移做好自己的事情，不断做强经济基础，增强科技创新能力，坚持多边主义，主动对标高标准国际经贸规则，以高水平开放促进深层次改革、推动高质量发展。"这也正如习近平总书记指出的，中国经济是一片大海，而不是一个小池塘。狂风骤雨可以掀翻小池塘，但不能掀翻大海。应该看到，党的百年奋斗历程取得的宝贵经验和历史智慧足以激发我们克服各种困难的信心。新中国成立以来，特别是改革开放以来，我们党领导经济工作积累的规律性认识、建立的强大物质基础、形成的全球最大的潜在市场，足以坚定我们发展的底气。我国发展仍处于重要战略机遇期，长期快速发展奠定了坚实的产业基础，人力资源丰富，科技创新能力不断增强，社会主义市场经济体制具有巨大优势，宏观经济政策稳健，经济韧性强、回旋余地大，经济长期向好的基本面不会改变。我们具备充分的条件在推动高质量发展中保持适当增长速度，顶住新的下行压力，稳定宏观经济大盘，不断做强经济基础。

二、宏观政策要稳健有效

贯彻中央经济工作会议部署，2022 年继续实施积极的财政政策、稳健的货币政策和就业优先政策，强化跨周期和逆周期调节，形成稳定宏观经济大盘的合力。

（一）积极的财政政策要提升效能，更加注重精准、可持续

积极的财政政策取向体现在多个方面，要根据不同年份情况合理搭配政策工具，综合权衡各项具体政策力度，优化政策组合，以取得最佳效果。

1. 增强财政可持续性，保证财政支出强度。面对新的经济下行压力，宏观调控要强化跨周期和逆周期调节，财政政策在稳定宏观经济中应发挥重要作用。2022 年尽管赤字率有所下降，但可用财力明显增加，财政支出强度是有保证的，积极财政政策实施力度比较大。从财政收入看，随着减税降费政策效应持续释放，市场主体的活力和动力增强，经济稳定恢复态势不断巩固，财政收入将继续增长。2022 年全国一般公共预算收入安排 21.01 万亿元，增长 3.8%，其中中央一般公共预算收入 9.49 万亿元，比 2021 年增长 3.8%；地方一般公共预算本级收入 11.53 万亿元，增长 3.7%。从财政支出看，2022 年全国一般公共预算支出安排 26.71 万亿元，比 2021 年扩大 2 万亿元以上，增长 8.4%。可用财力明显增加后，重点领域财政支出是能够得到较好保障的，要加大对国家重大战略任务和重大项目的支持力度，加强保障和改善基本民生。

2. 常态化实施财政资金直达机制，更多资金精准高效惠企利民。实行财政资金直达机制是财政宏观调控方式的重大创新。新冠肺炎疫情暴发后，一些地方财政收支矛盾加剧，大量市场主体经营遭遇严重困难，各方面都急切盼望有关财政资金能够尽早拨付到位，尽快发挥作用。2020 年，党中央、国务院决定对新增财政赤字和抗疫特别国债 2 万亿元建立特殊转移支付机制，使资金直达市县基层直接惠企利民。实践证明，直达机制推动宏观政策与微观需求紧密结合，降低了交易成本和制度成本，确保了财政资金用到基层急需以及惠企利民领域。2021 年建立常态化财政资金直达机制，并扩大直达资金的范围，在保持中央和地方财政关系基本不变的前提下，把直接用于基层财力保障的一般性转移支付、年初可直接分配的中央对地方共同财政事权转移支付、具备条件的专项转移支付纳入直达范围，使中央财政直达资金规模达到 2.8 万亿元，基本实现中央财政民生补助资金全覆盖。2022 年要进一步完善和用好财政资金直达机制，把更多资金纳入直达范围，优化实施流程，提高资金分配、拨付、使用和监管效率。在全国人大批准预算后一个月内，除少量据实结算项目外，其他资金全部下达到地方。增量资金更多向市县基层倾斜，执行中允许地方对分配结果作必要调整，提高资金分配科学性和项目质量。完善直达资金监控系统，明确使用重点，优化支出结构，推动资金投向关键点、紧要处，为基层做好“六稳”“六保”工作提供坚实保障。

3. 大力优化支出结构，提高财政资金使用效益。大力优化财政支出结构，保障好重点领域资金需要。一要加强对市场主体的支持，着力稳企业保就业。稳市场主体保就业是行之有效的办法。在实施新的组合式税费支持政策的同时，在财政支出上也予以政策支持。加强对中小微企业融资等支持，引导撬动金融资源流向中小微企业。推动就业优先政策提质加力，中央财政就业补助资金安排617.58亿元、增加51.68亿元，支持各地落实就业创业扶持政策。继续实施失业保险稳岗返还政策，明显提高中小微企业返还比例。使用1000亿元失业保险基金，加强对稳岗和培训的支持。二要大力推进科技创新，提升产业发展水平。要加强对原创性、引领性科技攻关的支持，加大基础研究投入，保障关键核心技术攻关资金需求，支持疫情防控、疾病防治、种业、绿色低碳等重点领域科技攻关。优化调整科技经费支出结构，增加产业基础再造和制造业高质量发展专项资金。三要充分挖掘内需潜力，推进区域协调发展和新型城镇化。深入实施扩大内需战略、区域协调发展战略和新型城镇化战略，有利于更好发挥国内超大规模市场优势，增强对经济增长的拉动力。四要推动农业高质量发展，全面推进乡村振兴。牢牢把住我国粮食安全的主动权，必须坚持不懈抓好农业生产，提高粮食和重要农产品供给保障能力。把提高农业综合生产能力放在更加突出的位置，推进种业振兴和农业核心技术攻关。巩固拓展脱贫攻坚成果，全面推进乡村振兴，是关系大局的重大问题。中央财政衔接推进乡村振兴补助资金按照只增不减的原则安排1650亿元，增加84.76亿元。五要持续改善生态环境，推动绿色低碳发展。六要突出保基本、兜底线，切实保障和改善民生。2022年财政收支矛盾仍然突出，要坚持政府过紧日子，更好节用裕民。

4. 实施新的组合式税费支持政策。这些年，国家持续实施减税降费政策，2016—2021 年减税降费规模合计超 8.6 万亿元，有效减轻了企业负担，有力促进了经济增长和结构优化。一方面，减税降费力度只增不减，以稳定市场预期。这几年实施减税降费政策，相当一部分是制度性安排，2022 年继续执行；部分 2021 年到期的阶段性减税降费政策延续实施。包括：延续实施扶持制造业、小微企业和个体工商户的减税降费政策，并提高减免幅度、扩大适用范围；延续实施部分个人所得税优惠以及科技企业孵化器、退役士兵就业创业等税收优惠政策。另外，还出台一些新的政策举措。例如，对小规模纳税人阶段性免征增值税；对小微企业年应纳税所得额 100 万元至 300 万元部分，在现行优惠政策基础上，再减半征收企业所得税，实际税负由 10% 降至 5%；加大激励科技型中小企业创新的税收优惠政策力度；针对受疫情影响重、就业容量大的服务业等特殊困难行业，实施精准帮扶的减税降费措施。另一方面，增值税留抵退税力度显著加大。自 2019 年以来，我国逐步建立增值税留抵退税制度，主要是对增给予退税。综合考虑多方面情况，2022 年完善增值税留抵退税制度，优化征缴退流程，对留抵税额实行大规模退税，把纳税人今后才可继续抵扣的进项税额予以提前返还。优先安排小微企业，对小微企业的存量留抵税额于 6 月底前一次性全部退还，增量留抵税额足额退还。重点支持制造业，全面解决制造业、科研和技术服务、生态环保、电力燃气、交通运输、软件和信息技术服务等行业留抵退税问题。地方政府及有关部门要建立健全工作机制，加强资金调度，确保退税减税这项关键性举措落实到位。

（二）稳健的货币政策要灵活适度，保持流动性合理充裕

要加大稳健的货币政策实施力度。发挥货币政策工具的总量和结构双重功能，为实体经济提供更有力的支持，让广大市场主体切身感受到融资便利度提升、社会综合融资成本稳中有降。

1. 保持流动性合理充裕，要求货币信贷供应和社会融资总量既要充

裕也要合理。保持流动性合理充裕，从充裕角度来看，要与经济增长速度基本适应，满足实体经济融资需求；从合理角度来看，要保持宏观杠杆率基本稳定，不搞“大水漫灌”；从实现内外均衡的角度来看，要保持人民币汇率在合理均衡水平上的基本稳定，防止汇率大幅波动。

2. 着力保持人民币汇率在合理均衡水平上的基本稳定。深化汇率市场化改革，坚持以市场供求为基础、参考一篮子货币进行调节、有管理的浮动汇率制度，增强人民币汇率弹性，加强预期管理有效调节外汇流动性，2021 年 5 月和 12 月两次上调金融机构外汇存款准备金率各 2 个百分点，回收外汇流动性约 400 亿美元。人民币汇率以市场供求为基础，双向波动、弹性增强，发挥了宏观经济和国际收支自动稳定器功能。从全年看，人民币对一篮子货币汇率有所升值。2021 年末，中国外汇交易中心人民币汇率指数报 102.47，较 2020 年末升值 8.1%；参考特别提款权货币篮子的人民币汇率指数报 100.34，较 2020 年末升值 6.5%；人民币对美元汇率中间价为 6.3757 元，较 2020 年末升值 2.3%。

3. 防范化解金融风险。坚持市场化法治化原则处置风险，金融风险总体收敛。重点集团、大型企业风险处置稳妥推进。推动存量高风险机构持续压降，高风险机构数量明显减少。不断完善金融市场风险监测，对全国 4000 多家银行业金融机构开展评级，摸清风险底数，精准识别高风险机构。坚决遏制资本在金融领域无序扩张，加强非金融企业投资金融机构监管，筑牢产业资本与金融资本之间的“防火墙”。

4. 推动降低贷款利率。2022 年《政府工作报告》肯定了 2021 年两次全面降准、推动降低贷款利率的做法，提出要推动金融机构降低实际贷款利率、减少收费。要利用好发达国家政策调整的时间差，用好降准、降息等政策，从源头上推动降低融资成本。进一步完善贷款市场报价利率（LPR）形成机制，畅通“政策操作利率—市场报价利率—银行贷款利率”的传导链条，推动企业实际贷款利率进一步下行。加大对“三农”小微企业的帮扶力度，2021 年 12 月，下调支农支小再贷款利率0.25个百分点。同时，继续规范、降低贷款中间环节相关收费。银行要自觉压减贷款相关收费，相关中介机构包括与直接融资相关的中介服务也要压减收费，尤其是明显偏高的收费要大幅压减。政府性融资担保机构要合理确定费率水平，一些地方过高的担保收费要降下来，带动融资担保费率稳中有降。当前企业账款支付需求较大，要保持支付行业必要的竞争，继续引导支付行业降低小微企业支付手续费，促进收费水平适度降低。

5. 强化金融对国民经济重点领域和薄弱环节的支持。要进一步疏通货币政策传导渠道，扩大普惠金融覆盖面、提高服务质量，引导更多资金及时流向小微企业、科技创新、绿色发展等实体经济重点领域和薄弱环节。小微企业是发展的生力军、就业的主渠道、创新的重要源泉，在保居民就业、保基本民生中发挥着重要作用，但作为实体经济的薄弱环节，在疫情冲击下遭受的压力比较大。要把已经出台的各项解决小微企业融资问题的政策落实到位，发挥好“支农支小再贷款”和“普惠小微贷款支持工具”的作用，引导金融机构进一步加强和改善小微企业金融服务，精准解决小微企业、个体工商户等融资难、融资贵问题，更好地满足其经营发展中的合理资金需求。科创金融是支持科技自立自强、促进创新创业的重要手段，要加快完善金融支持创新体系，发展知识产权质押融资、科技保险，开展科技成果转化贷款风险补偿试点，探索信贷支持科技发展新模式。增强科创板“硬科技”特点，提升创业板功能，发挥好北交所支持创业创新的作用，推动科创企业上市融资，拓宽直接融资渠道。我国绿色金融起步早，经过多年发展，在国际上领先优势明显，绿色贷款余额连续多年位居世界第一，绿色债券发行量位居世界第二。

（三）就业优先政策要提质加力

就业稳是宏观经济稳定运行的重要标志。综合各方面情况，2022年保就业大局持续稳定的难度明显增加，稳就业任务十分艰巨。必须进一步突出就业优先导向，压实各方稳就业的责任，特别是要通过就业优先政策的强化和各方面加大支持，提升政策实施效能，为稳就业提供有力支撑。

1. 紧紧围绕稳就业扩就业，推动就业优先政策和举措提质加力。有力有效的政策举措对稳就业具有重要作用。要加大就业优先政策实施力度，并根据新情况新问题及时调整完善，使政策指向更加精准，政策举措更加有力，政策质量不断提升。引导各方面实施有利于就业稳定的经济社会政策和工作举措，切实形成工作合力。首先，财税、金融等政策要围绕稳定扩大就业优先实施。重点从三个方面发力：在政策导向上，财税、金融、产业、投资等政策考虑稳就业需要，围绕应对经济下行等给就业带来的困难挑战，在制定实施具体政策举措时更加突出就业优先，把更多政策资源用于稳定和扩大就业，并根据就业形势变化预调微调，加强政策储备。在政策实施方式上，要注重通过稳市场主体稳就业，加大对企业稳岗扩岗的支持力度。其次，专项促就业政策要强化优化。在强化资金支持方面。2022 年中央财政就业补助资金安排 617.58 亿元，增加 51.68 亿元。在抓好失业和工伤保险“延、返、缓”等政策落实方面。延，即降低失业和工伤保险费率政策于 2022 年 4 月 30 日到期后继续执行至 2023 年 4 月 30 日；返，即对不裁员少裁员企业，继续实施失业保险稳岗返还政策，并将中小微企业返还比例从 60% 大幅提高到 90%；缓，即失业保险和工伤保险基金结余较多的省份，对服务业中的餐饮、零售、旅游企业阶段性实施缓缴政策，缓缴期间免收滞纳金。在完善优化其他专项促就业政策方面，要切实抓好落实，更好发挥促进就业的功能。最后，各地都要千方百计稳定和扩大就业。坚持“劳动者自主就业、市场调节就业、政府促进就业和鼓励创业”的就业方针，落实地方政府促进就业工作的重要责任。一方面，人口流入多、就业规模大的省份要加大工作力度，为全国稳就业大局多做贡献；另一方面，就业空间较窄、失业风险较高的地区要努力促进就业恢复。

2. 突出保重点群体就业，夯实和巩固稳就业的基础。2022 年，在稳就业压力加大的情况下，各方面都要出政策、想办法，切实稳住高校毕业生、退役军人、农民工、就业难人员等重点群体就业。一是加强高校毕业生就业创业指导、政策支持和不断线服务。2022 年高校毕业生 1076 万人，再创历史新高，加上中职毕业生、留学回国毕业生等，需要大力开发市场化社会化就业岗位。加大中小微企业吸纳毕业生的就业支持举措，强化毕业生就业创业财税、金融等政策扶持，实施百万青年见习岗位募集计划，拓宽高校毕业生就业渠道，还要强化不断线服务。推动公共就业服务前移，着力打通校内校外、线上线下就业服务资源，实施更加精准的岗位推送和就业指导，简化优化毕业生就业手续。同时，还要加强其他青年就业支持。二是做好退役军人安置和就业保障。多措并举促进就业创业，落实好退役军人到开发区、返乡入乡就业创业政策，深化“权威推荐 + 自主选择”“教培先行、岗位跟进”等就业模式。加强退役军人适应性培训，创新完善培训机制，充分发挥退役军人服务中心（站）的就业服务功能，营造支持退役军人就业的良好环境。三是促进农民工就业。稳定外出农民工规模，促进农民工就地就近就业。四是帮扶困难群体就业。在当前稳就业面临困难挑战增多的情况下，残疾人、零就业家庭成员、低保户等困难群体就业难度更大，要多措并举加大帮扶。

3. 完善就业服务和劳动保障政策，促进就业量的扩大和质的提升。劳动力的供需匹配主要由市场决定，我们既要充分发挥市场在人力资源配置中的决定性作用，也要更好地发挥政府的作用，创新就业促进方式，做好就业服务市场监管、权益维护、就业职业培训等方面工作。一是增强公共就业服务针对性。我国已建立起覆盖省、市、县、街道（乡镇）社区（村）的五级公共就业服务网络，确立了免费提供政策咨询、信息发布、职业指导、职业介绍等基本公共服务制度，设立了 7300 多家公共就业服务机构。二是增强双创平台服务能力。双创平台是创业创新的重要支撑，要充分发挥创业孵化基地、双创示范基地等载体的功能作用，发展集技术孵化融资投资、政务服务等于一体的众创空间，健全专业化、多层次的创业服务体系，构建全链条的创业创新生态。加强对创业创新的政策支持，用好小微企业税收优惠、研发费用加计扣除、普惠金融等政策，完善用地、创业担保贷款等支持政策，加大对双创主体特别是初创实体的支持力度。三是完善灵活就业社会保障政策。随着灵活就业规模不断扩大，社会保障覆盖不全、水平偏低、灵活就业人员权益受到侵害等问题逐步显现。积极推进灵活就业人员在就业地参加城镇职工基本养老、基本医疗保险，尚未取消异地参保限制的地区要加快取消，使更多灵活就业人员持居住证即可参保。同时，也要重视加强职业伤害保障。四是着力解决侵害劳动者合法权益的突出问题。着力维护劳动者劳动报酬权益，推动改善劳动环境，完善平等就业制度。引导企业树立正确用人观念，坚决防止和纠正对劳动者的性别、年龄等歧视性做法，大力营造公平就业环境。五是继续开展大规模职业技能培训。要突出重点、抓住关键，更大地提高职业技能培训的成效。《2022 年政府工作报告》提出，使用 1000 亿元失业保险基金支持稳岗和培训。随着制造业高质量发展的加快推进，技能人才尤其是高技能人才不足问题凸显，要引导培训资源向市场急需、企业生产必需等环节集中，大力开展实用技能培训，扩大高技能人才培训规模，提高培训的针对性、实用性，培养更多发展需要的技能人才，加快完善职业技能培训的长效机制。

打好这一系列政策组合拳，既能切实弥补当前经济运行中的短板、弱项和风险化解，充分发挥我国超大规模市场优势，稳住 2022 年的经济基本盘，又能为实现高质量发展、促进共同富裕打开新的空间，坚强持久经济韧性。

三、必须心怀“国之大者”，着力做好攸关国家发展和安全大局的重要工作

在当前诸多困难和挑战交织叠加的背景下，我们必须心怀“国之大

者”，增强忧患意识，坚持底线思维，坚持问题导向和目标导向相统一，把准主要矛盾和矛盾的主要方面，着力做好攸关国家发展和安全大局的重要工作。

（一）继续做好常态化疫情防控

常态化疫情防控，直接关系人民群众生命健康和公共安全，是经济社会发展的前提和基础。我们要深入学习贯彻习近平总书记关于加强疫情防控工作的重要讲话和重要指示批示精神，深刻认识国内外疫情防控的复杂性、艰巨性、反复性，统筹好疫情防控和经济社会发展，坚持外防输入、内防反弹，坚持科学精准、动态清零，不断优化疫情防控举措，科学精准高效处置局部突发疫情，努力用最小的代价实现最大的防控效果，最大限度减少疫情对经济社会发展的影响。

（二）确保粮食和能源安全

民以食为天，能源又是经济社会发展的基础。保粮食能源安全作为“六保”任务的重要内容之一，关系经济社会发展全局，关系国家安全，必须采取有力措施保障安全稳定供应。

1. 保障粮食等重要农产品供应。2021 年以来，受新冠肺炎疫情、大宗商品价格上涨抬升种植成本、极端天气导致部分国家粮食减产等多重因素影响，国际市场粮食价格大幅上涨，联合国粮农组织食品价格指数创下 10 年来的新高，2022 年以来继续保持高位上涨态势。我国小麦、玉米等粮食品种价格也出现上涨，化肥、柴油、农药、种子农膜等农资价格涨幅较大，给粮食生产供应带来压力。习近平总书记多次强调，中国人的饭碗任何时候都要牢牢端在自己手中，饭碗主要装中国粮。我国粮食生产连年丰收，产量已连续 7 年稳定在 1.3 万亿斤以上，2021 年达到 13657 亿斤，再创新高，这为保障国家粮食安全奠定了坚实基础。但也要看到，当前粮食生产和消费仍处于紧平衡，结构性矛盾依然存在，耕地保护面临多重压力，粮食安全保障能力仍有待提升。部分农产品进口量不断增加。2021年，我国进口粮食3291亿斤，相当于国内产量的24.1%，其中进口大豆1930亿斤，相当于国内产量的5.9倍；进口玉米587亿斤，相当于国内产量的10.4%。保障粮食等重要农产品供应，一是要稳定粮食播种面积和产量；二是要抓好重要农副产品供应；三是要加大政策支持力度。

2. 继续做好能源、重要原材料保供稳价工作。按照党中央、国务院部署要求，完善煤电油气运协调机制，加强能源保供工作，取得明显成效，但当前能源供需形势仍不容乐观。国际上，原油等大宗商品供应仍然紧张，价格持续高位上涨，布伦特原油期货价连创新高。国内煤炭价格一度下降后也有所反弹。我国煤炭占能源消费总量的56%，燃煤发电量占60%左右，煤价稳则电价稳。要继续稳定煤炭产能，保持煤炭供给总量有合理裕度，保障电厂用煤。落实好财税、金融等纾困政策，对困难煤电企业继续做好帮扶，确保电厂稳定出力，保障民生和企业正常生产经营用电。要抓紧理顺能源价格形成机制，引导煤价稳定在合理水平，完善煤、电价格传导机制。针对重要原材料供应紧张问题，要做好监测分析研判，强化进出口和储备调节，加强期现货市场联动监管，严厉打击囤积居奇、哄抬价格等违法违规行为。要处理好发展和减排的关系，坚持统筹谋划，在降碳的同时确保能源安全、产业链供应链安全，确保群众正常生活，确保不会对经济发展和社会稳定造成冲击。

3. 增强国内资源生产保障能力。我国原油、天然气对外依存度已经达到72%、44%，铁矿石超过80%，铜精矿超过90%，铝精矿为65%。高对外依存度意味着高风险，要加强战略谋划，确保初级产品供给安全。要加大国内油气和重要矿产资源勘探开发，加快资源先进开采技术开发应用，保障重要能源资源国内生产自给。增强国内资源生产保障能力，加快油气、矿产等资源勘探开发，完善国家战略物资储备制度。固废再生利用对原材料供应有重要补充作用，加快构建废弃物循环利用体系。实施全面节约战略，推进各领域节约行动。在生产领域，推进资源全面节约、集约、循环利用。在消费领域，增强全民节约意识，倡导简约适度、绿色低碳的生活方式。

（三）防范化解重大风险

安全是发展的前提，发展是安全的保障。针对2022年可以预见和难以预见的风险挑战增多情况，要更加注重统筹发展和安全，继续按照稳定大局、统筹协调、分类施策、精准拆弹的基本方针，有序推进地方政府债务风险防范化解，坚决遏制隐性债务增量，稳妥化解存量，隐性债务风险稳步缓释。截至2021年末，我国地方政府债务余额30.47万亿元，控制在全国人大批准的限额3328万亿元之内，加上纳入预算管理的中央政府债务余额2327万亿元，全国政府债务余额为53.74万亿元，负债率为47%，低于国际通行的60%警戒线，也低于世界主要经济体和新兴市场国家水平。持续推进防范化解金融领域风险，宏观领域风险得到有效控制。2020年为应对疫情冲击，宏观杠杆率阶段性上升至280.2%，之后稳步下降，2021年末宏观杠杆率降至272.5%。同时，有效处置影子银行风险、互联网金融风险，稳妥处置重大金融风险事件，较好控制了外溢性影响。当前，我国金融体系整体健康、稳定，特别是大型银行经营稳健资产质量良好，为金融体系稳健运行提供了有力保障。

在我国经济深度融入世界经济的情况下，还要高度重视防范外部风险，特别是防止国内风险因素叠加共振，影响经济金融稳定。当前国际形势中不稳定、不确定因素增多，世界经济复苏动力不足，主要经济体宏观政策加快转向，其外溢效应都有可能对我国经济发展造成影响。要密切跟踪国际形势及金融、大宗商品等市场变化，加强金融、房地产、粮食、能源、产业链供应链等重点领域风险防控，运用市场化、法治化方式化解风险隐患，提前做好应对预案，加强风险应对能力建设，有效应对外部冲击，牢牢守住不发生系统性风险的底线，保持社会大局稳定。

2 “十四五”实现良好开局

——党和国家历史上具有里程碑意义的一年

2021 年是党和国家历史上具有里程碑意义的一年。以习近平同志为核心的党中央团结带领全党全国各族人民，隆重庆祝中国共产党成立一百周年，正式宣布全面建成小康社会、实现第一个百年奋斗目标，开启全面建设社会主义现代化国家、向第二个百年奋斗目标进军新征程。我们召开党的十九届六中全会，总结党的百年奋斗重大成就和历史经验，通过百年党史上第三个历史决议《中共中央关于党的百年奋斗重大成就和历史经验的决议》，这是新时代中国共产党人牢记初心使命、坚持和发展中国特色社会主义的政治宣言，是以史为鉴、开创未来、实现中华民族伟大复兴的行动指南。一年来，面对复杂严峻的国内外形势和诸多风险挑战，全国上下共同努力，统筹疫情防控和经济社会发展，加快构建新发展格局，强化宏观政策跨周期调节，着力促进经济持续健康发展，着力深化改革开放创新，全年主要目标任务较好完成，“十四五”实现良好开局，我国发展又取得新的重大成就。主要有以下七个方面：

一、经济保持恢复发展

保持宏观政策连续性稳定性，继续实施积极的财政政策、稳健的货币政策和就业优先政策，强化和落实减税降费等助企纾困政策，应形势变化及时预调微调，推动经济保持恢复发展。

（一）经济较快增长

2021 年，我国国内生产总值（GDP）比 2020 年增长 8.1%，符合 6% 以上的预期目标，2020 年、2021 年两年平均增长 5.1%，高于国际货币基金组织对美国、欧元区、日本 2021 年经济增速的预计值，在全球主要经济体中名列前茅。分季度看，2021 年一、二、三、四季度同比分别增长 18.3%、7.9%、4.9%、4.0%，两年平均分别增长 4.9%、5.5%、4.9%、5.2%，环比分别增长 0.3%、1.3%、0.7%、1.6%，表明经济运行总体平稳，经济规模逐季扩大。经济总量达 114.4 万亿元，按年平均汇率折算达 17.7 万亿美元，稳居世界第二，占全球经济的比重预计将超过 18%，对世界经济增长的贡献率在 25% 左右，是引领世界经济恢复的主要力量。人均 GDP 达 80976 元，折合 12551 美元，超过全球人均 GDP 水平，接近世界银行划设的高收入经济体人均水平门槛。

（二）就业总体稳定

随着经济持续恢复，稳就业、促就业政策措施不断落地，减负稳岗扩就业政策延续实施，加大对灵活就业、新就业形态的支持，全国就业形势总体稳定。全年城镇新增就业 1269 万人，明显高于年初提出的 1100 万人以上的预期目标，比 2020 年增加 83 万人。全国城镇调查失业率平均为 5.1%，低于 5.5% 左右的宏观调控目标，比 2020 年平均值下降 0.5 个百分点。年末全国农民工规模达到 29251 万人，比 2020 年末增加 691 万人，已恢复至 2019 年同期水平。其中，本地农民工 12079 万人，增长 4.1%；外出农民工 17172 万人，增长 1.3%。农民工月均收入水平 4432 元，比 2020 年增长 8.8%。在经济下行压力加大的情况下，我国实现了比较充分的就业，这对于一个拥有 14 亿多人口的发展中大国来说，是经济运行的一大亮点，对保持社会大局和谐稳定发挥了重要作用。

（三）财政收入实现突破

全国一般公共预算收入 20.25 万亿元，完成预算的 102.5%，比 2020 年增长 10.7%。其中，中央一般公共预算收入 9.15 万亿元，比 2020 年增长 10.5%；地方一般公共预算本级收入 11.1 万亿元，比 2020 年增长 10.9%。中央与地方均有一定超收，主要是经济恢复性增长以及工业生产出厂价格涨幅较高拉动等原因所致。全国一般公共预算支出 24.63 万亿元，同比增长 0.3%。其中，中央一般公共预算本级支出 3.5 万亿元，比 2020 年下降 0.1%；地方一般公共预算支出 21.13 万亿元，比 2020 年增长 0.3%。

（四）消费价格温和上涨

全年居民消费价格比 2020 年上涨 0.9%，涨幅比 2020 年回落 1.6 个百分点，低于 3% 左右的预期目标。其中，城市上涨 1.0%，农村上涨 0.7%。分类别看，食品烟酒价格下降 0.3%，衣着上涨 0.3%，居住上涨 0.8%，生活用品及服务上涨 0.4%，交通通信上涨 4.1%，教育文化娱乐上涨 1.9%，医疗保健上涨 0.4%，其他用品和服务下降 1.3%。在食品烟酒价格中，粮食价格上涨 1.1%，鲜菜价格上涨 5.6%，猪肉价格下降 30.3%。扣除食品和能源价格的核心 CPI 上涨 0.8%。全年工业生产者出厂价格比 2020 年上涨 8.1%，工业生产者购进价格比 2020 年上涨 11.0%。

（五）国际收支基本平衡

我国货物贸易额、外汇储备余额位居世界第一，服务贸易、对外投资、消费市场规模位居世界第二。全年货物进出口总额 39.1 万亿元，比 2020 年增长 21.4%。其中，出口 21.7 万亿元，增长 21.2%；进口 17.4 万亿元，增长 21.5%。进出口相抵，贸易顺差 4.37 万亿元，比 2020 年扩大 20.2%。2021 年末外汇储备余额为 3.25 万亿美元，连续 8 个月保持在 3.2 万亿美元以上。

二、创新能力进一步增强

强化创新引领，加强国家实验室建设，推进重大科技项目实施，载人航天、火星探测、资源勘探、能源工程等领域实现新突破，科技创新能力稳步提升，创新提升实体经济发展水平持续强化。

（一）国家战略科技力量加快壮大

编制新一轮国家中长期科技发展规划、“十四五”国家科技创新规划及各专项规划，基本形成近中远结合的科技创新战略规划布局。首批国家实验室组建运行，编制完成重组国家重点实验室体系方案。基础研究十年规划制定完成，重点研发计划 70 多个重点专项全面启动实施，新一代人工智能、量子、脑科学与类脑科学研究等重大项目加快实施，例如，“祖冲之二号”和“九章二号”实现量子优越性。在重点方向支持领军企业组建创新联合体，高新技术企业数量同比增长 18.7%，研发投入占全国企业的 70%。支撑粮食安全和乡村振兴，聚焦土地和种子加强研发攻关，农作物新品种示范推广，良种增产贡献率达到了 45%。支撑疫情防控，检测手段更迅速、更便捷、更精准，药物研发取得突破性进展，疫苗研发积极适应疫情和病毒新的变化，在实践中不断验证其有效性和安全性。加快药物和医疗器械研发，通过实施新药创制重大专项，我国获批的Ⅰ类新药从2008年之前的5个达到现在的75个，以正电子磁共振扫描系统（PET/MR）为代表的一批国产高端医疗器械投入使用。国家创新能力综合排名上升至世界第12位。

（二）关键核心技术攻关取得重要进展

战略高技术加快发展，“天问一号”开启火星之旅，“羲和号”实现太阳探测零的突破，神舟十三号与天和核心舱成功对接，“海斗一号”成功实现万米下潜，并完成科考应用，打破多项世界纪录，高温气冷堆核电示范工程首次并网。以科技进步引领现代产业创新发展，5G全场景应用与整机研发取得突破，新能源汽车、新型显示创新链和产业链融合发展，人工智能产业加快发展，时速600公里高速磁浮样车成功下线，国产最大直径盾构机“京华号”投入使用。

（三）发展新动能不断增强

全社会研究与试验发展经费支出快速增加，有力支撑了新动能发展壮大。2021年研发经费支出比2020年增长14.2%，与GDP之比达到2.44%，比2020年提高0.03个百分点。其中，企业研发经费增长15.5%，规模以上工业企业研发投入增长30%以上。高技术产业快速增长，工业机器人、智能手表、光电子器件产量分别增长44.9%、37.0%、24.1%。区域创新引领带动作用持续增强，有力服务国家区域发展战略实施，高质量发展动力源作用更加凸显。国家自创区和高新区加快高质量发展，出台中关村新一轮先行先试改革若干措施。科技创新创业纵深推进，北京、上海、粤港澳大湾区三大国际科技创新中心，跻身全球科技创新集群前10位，纳入全国科技型中小企业信息库的企业数量达到32.8万家，众创空间、孵化器等创业孵化载体超过1.4万家，覆盖95%县级以上地区。支撑碳达峰碳中和，高温气冷堆核电站示范工程首次并网发电成功，大气污染联防联控等技术加快应用推广。在支撑高水平举办北京冬奥会方面，实施“科技冬奥行动计划”，围绕冬奥关键场景取得一大批创新成果，为北京冬奥会成功举办贡献科技力量和科技要素。

（四）数字技术与实体经济加速融合

新型基础设施建设成效显著，数字化转型的支撑能力进一步增强。5G、大数据、区块链等技术融合应用，在推动数字经济蓬勃发展方面做出重大贡献。建成全球规模最大、技术最先进的5G网络，截至2021年底全国5G基站已覆盖全部地级市、98%以上的县城城区和80%的乡镇镇区。利用数字化技术、信息赋能技术推进制造业数字化转型升级，“云网边端”协同发展的工业互联网基础设施基本成型，“5G+工业互联网”在采矿、港口、钢铁、电力、石化等10个重点行业形成了远程设备操控、机器视觉质检、生产效能管控等20个典型应用场景，赋能千行百业转型升级成效显著。

三、经济结构和区域布局继续优化

坚持不懈推进转方式、调结构。促进产业优化升级，提升城乡区域发展协调性平衡性，取得积极成效。

（一）产业结构优化升级

产业结构优化升级是推动高质量发展的重要内容。2021年坚持把发展经济着力点放在实体经济上，紧紧扭住供给侧结构性改革这条主线推动传统产业改造提升，加快培育壮大新动能，促进数字经济与实体经济融合，产业结构持续优化，产业发展水平进一步提升。

1. 制造业比重保持基本稳定。制造业是国家经济命脉所系，保持制造业比重基本稳定是建设制造强国、推动高质量发展的重要基础。2021年，制造业增加值增长9.8%，两年平均增长6.6%；规模达到31.4万亿元，连续12年位居世界首位。制造业固定资产投资增速达到13.5%，高于固定资产投资增速 8.6 个百分点，投资规模继续扩大，结构不断优化。制造业占 GDP 比重达到 27.4%，较 2020 年提高 1.1 个百分点，制造业作为实体经济“压舱石”的地位得到巩固。

2. 传统产业转型升级加快。实施智能制造工程和工业互联网创新发展工程，扩大“5G + 工业互联网”应用，推动细分行业智能制造标准研制应用，支持创建国家级车联网先导区。2021 年，重点领域规模以上工业企业关键工序数控化率、数字化研发设计工具普及率分别达到 55.3% 和 74.7%。实施制造业绿色低碳转型行动，巩固去产能成果，严控钢铁、电解铝、水泥、平板玻璃等行业新增产能，坚决遏制“两高”项目盲目发展。全年粗钢产量比 2020 年减少 3200 万吨，下降了 3%。

3. 新兴产业发展势头良好。2021 年集成电路、工业机器人、太阳能电池产品产量增长 33.3%、44.9% 和 42.1%，新能源汽车产销量增长 1.6 倍，工业母机、医疗装备、农机装备、新材料等发展水平明显提高。高技术制造业、装备制造业增加值分别增长 18.2%、12.9%。第二批先进制造业和现代服务业融合试点顺利开展，先进制造业和现代服务业融合加快。

（二）区域发展战略有效实施

发挥比较优势、突出区域特色，保持地区经济运行稳重加固、稳中向好。有力有序推动京津冀协同发展，北京非首都功能疏解取得突破，首批 7 家央企总部迁出北京，有关高校和医院的疏解工作稳步实施，一批具有标志性和影响力的疏解项目有序启动。雄安新区建设扎实推进，支持北京城市副中心高质量发展的意见制定实施。深入推进长江经济带生态环境突出问题整改和污染治理“4 + 1”工程，生态环境系统保护修复成效明显，长江流域水质优良的国控断面比例为 97.1%，同比增加 1.2 个百分点，十年禁渔开局良好，绿色发展示范和生态产品价值实现机制试点取得阶段性成效。推动粤港澳大湾区建设，横琴粤澳深度合作区、前海深港现代服务业合作区建设加快。加强长三角一体化发展重大战略项目建设，推进生态绿色一体化发展示范区制度创新。高标准制定实施黄河流域生态保护和高质量发展规划及政策体系，稳步推进黄河大保护行动。促进东、中、西和东北地区协调发展，支持革命老区、民族地区加快发展，加强边疆地区建设，2021 年，四大板块发展呈现新亮点，中部、西部地区生产总值占全国比重提高到 22%、21%，东部与中部、西部人均地区生产总值比下降至 1.53、1.68。研究制定支持西藏和四省涉藏州县经济社会高质量发展政策。

（三）新型城镇化扎实推进

制定和实施《国家新型城镇化规划（2021—2035 年）》，稳妥有序推进农业转移人口市民化，城区常住人口 300 万以下城市的落户限制基本取消，城区常住人口 300 万以上城市的落户条件有序放宽，城镇基本公共服务覆盖未落户常住人口工作持续推进，随迁子女在公办义务教育学校就读比例达到 81.8%、比 2020 年提高 1.8 个百分点，农民工职业技能培训广泛开展。扎实推进城市群、都市圈建设，推动成渝地区双城经济圈建设“1 + N”规划体系加快形成，长江中游等城市群加快发展，南京、福州、成都等都市圈发展规划印发实施，以城市群为主体的城镇化格局不断优化。城市区域分布更加均衡，城市群集聚人口和经济作用持续显现，19 个城市群承载了我国 75% 以上的城镇人口、贡献了 80% 以上的国内生产总值。加大县城补短板力度，120 个县城建设示范地区带动作用有效发挥，边境地区城镇功能持续强化，特色小镇规范健康发展有序推进。新型城镇化质量不断提升。2021 年末，我国城镇常住人口达到 91425 万人，比 2020 年末增加 1205 万人；乡村常住人口 49835 万人，减少 1157 万人。常住人口城镇化率为 64.72%，比 2020 年末提高 0.83 个百分点。

四、改革开放不断深化

坚持推进市场化改革、扩大高水平开放，着力打造市场化、法治化、国际化营商环境，市场活力和内生动力优化提升。

（一）重要领域和关键环节改革持续深化

坚持巩固、增强、提升、畅通的方针，供给侧结构性改革深入推进，供给体系质量和水平稳步提升。稳妥推进农村集体经营性建设用地入市。全面完成27个系列职称制度改革任务。燃煤发电上网机制改革、第二批电力现货试点等取得实质性进展，扩大燃煤发电市场交易价格浮动范围。建设国家技术转移区域中心、技术交易市场、国家技术转移示范机构。“放管服”改革取得新进展，涉企审批手续和办理时限继续压减，更多政务服务事项实现一网通办。“证照分离”改革在全国实现全覆盖。对523项涉企经营许可事项全部实行分类改革和清单管理。加强和创新监管，强化反垄断和反不正当竞争，防止资本无序扩张，维护公平竞争。开展营商环境创新试点，促进营商环境迈向更高水平。2021年末，全国实有登记在册的市场主体达1.54亿户，其中企业4842万户，个体工商户1.03亿户。要素市场化配置改革持续推进。国企改革三年行动深入实施。各中央企业、各地国资委和地方国企挂图作战，顺利完成国企改革三年行动70%的目标任务。持续为民营企业改革发展营造良好环境，民营企业进入油气进出口、铁路、核电等领域。积极稳妥推进房地产税立法与改革。基本完成行业协会、商会与行政机关脱钩改革。在金融改革方面，设立北京证券交易所和广州期货交易所；规范发展第三支柱养老保险；允许外资设立独资证券和基金公司。深化燃煤发电上网电价市场化改革。农业农村、社会事业、生态文明等领域改革稳步推进。

（二）对外贸易实现量增质升

2021 年货物进出口总额达 6.05 万亿美元，同比增长 30%，其中出口 3.36 万亿美元、增长 29.9%，进口 2.69 万亿美元、增长 30.1%，我国作为全球货物贸易第一大国的地位更加稳固。出口结构进一步优化。全年机电产品出口近 2 万亿美元，同比增长 28.9%；高新技术产品出口 9796 亿美元，同比增长 26.2%；集成电路、汽车零配件、汽车及汽车底盘和液晶显示板出口分别增长 32%、33.7%、119.2% 和 39.8%；七大类劳动密集型产品出口增长 18.3%。外贸新业态新模式发展势头良好。深入推进 105 个跨境电商综合试验区建设，将跨境电商零售进口试点范围扩大至 31 个省区市，全年跨境电商进出口规模达到 1.98 万亿元，同比增长 15%。与主要贸易伙伴进出口额均实现较快增长。服务贸易发展实现提质升级。服务贸易进出口总额达 8213 亿美元，同比增长 24%，规模连续 8 年位居全球第二。其中，服务出口增长 40.5%、进口增长 12%；服务贸易逆差缩小到 327.5 亿美元，同比减少 67%。全年实际使用外资 1.15 万亿元，创历史新高，比 2020 年增长 14.9%，我国继续成为引进外资的热土。中国等 10 个国家已完成《区域全面经济伙伴关系协定》（RCEP）核准，2022 年 1 月 1 日正式生效。

（三）高质量共建“一带一路”稳步推进

与各国互联互通不断深化，“一带一路”建设向高质量发展方向迈出了坚实步伐。中老铁路全线开通运营，客货运输量稳步增长，雅万高铁、马来西亚东海岸铁路、匈塞铁路等项目进展顺利，中俄黑河公路大桥建设完工。中巴经济走廊能源合作移步推进。中欧陆海快线全年完成运输箱量 15.3 万标箱，发行列车 2272 班次，同比分别增长 25.2%、17.6%。政策规则标准联通持续推进。与刚果（金）等 7 个国家签署共建“一带一路”谅解备忘录，与古巴签署共建“一带一路”合作规划。截至 2021 年底，我国已与 145 个国家、32 个国际组织签署合作文件 200

多份，与31个国家共同发起“一带一路”疫苗合作伙伴关系倡议和绿色发展伙伴关系倡议。经贸合作持续拓展。2021年，我国与145个共建国家进出口额达2.5万亿美元，同比增长32.4%。对共建国家直接投资279亿美元，新签承包工程合同额2185.5亿美元，完成营业额1276.7亿美元。金融合作进步加强。截至2021年底，已经有12家中资银行在47个共建国家设立了139家一级机构。我国本土评级机构评级服务已覆盖50余个共建国家，银联卡业务覆盖119个共建国家的1595万家商户。在13个共建国家建立人民币清算安排，人民币跨境支付系统拓展至75个共建国家。建立共建“一带一路”政党交流机制。推进“丝路一家亲”行动，已在共建国家开展民生合作项目300多个，推动中外社会组织建立600对合作伙伴关系。

五、生态文明建设持续推进

坚持“绿水青山就是金山银山”理念，推动生态文明建设取得新进步，有力促进经济社会全面绿色转型。

（一）污染防治攻坚战取得新成效

1. 扎实推进大气污染防治。持续开展重点区域秋冬季大气污染综合治理攻坚行动，长三角已基本消除重污染天气；开展夏季臭氧治理攻坚，臭氧浓度上升态势得到有效遏制；推进重点区域空气质量改善监督帮扶。组织52个专家团队深入京津冀及周边等重点区域54个城市开展驻点跟踪研究和技术帮扶指导。有效提升各地细颗粒物（PM2.5）和臭氧污染协同防控的科学性和精准性。因地制宜开展清洁取暖改造，全年北方地区完成散煤治理约420万户。推进工业企业大气污染综合治理，全国1.45亿吨钢铁产能完成全流程超低排放改造。进一步优化运输结构，全面实施重型柴油车国六排放标准和机动车排放召回管理制度。

2. 有序开展水污染防治。建立健全长江流域水生态考核指标体系，加大长江入河排污口监测、溯源、整治工作力度，溯源完成率80%以上，整治污水直排、乱排排污口7000多个。完成黄河干流上游和中游部分河段5省区18个地市7827公里岸线排污口排查，登记入河排污口4434个。加强入海排污口管理，推进海水养殖生态环境监管和海洋垃圾污染防治。推进地表水和地下水协同防治，开展68个国家级化工园区和9个重点铅锌矿区地下水环境状况调查评估，确定21个城市作为地下水污染防治试验区。持续提升饮用水安全保障水平，累计划定乡镇级集中式饮用水水源保护区19132个。巩固提升城市黑臭水体治理成效，完成400余个较大面积黑臭水体的整治。

3. 持续实施土壤污染防控。加强耕地污染源头控制，实施农用地土壤镉等重金属污染源头防治行动，持续开展土壤污染重点监管单位隐患排查整治和耕地涉镉重点行业企业排查整治。加强重点地区危险化学品生产企业腾退土地、污染风险管控和治理修复力度。完善农村环境整治成效评估机制，全年新增完成1.6万个行政村环境整治。强化种植业面源污染防治和养殖业污染治理，推动化肥农药减量增效和畜禽养殖废弃物资源化利用。稳步推进“无废城市”建设试点。全面实现洋垃圾零进口。

（二）生态环境质量明显改善

不断加大山水林田湖草沙保护和治理力度。全面实施长江十年禁渔，编制完成《黄河流域生态环境保护专项规划》，黄河流域“清废行动”取得阶段性成果。颁布《中华人民共和国湿地保护法》，填补了湿地保护法律空白。持续开展国土绿化行动，全面推行“林长制”，首次实行年度造林任务“直达到县、落地上图”精细化管理，全年完成造林360万公顷，种草改良307万公顷，我国森林面积和森林蓄积量已经连续30年持“双增长”，人工林面积稳居全球第一。全年治理沙化石漠化土地2160万亩，全国新增水土流失治理面积6.2万平方公里。积极开展生物多样性保护。成功举办联合国《生物多样性公约》第十五次缔约方大会第一阶段会议。正式设立第一批国家公园，涉及青海、四川、海南等10个省份，面积达23万平方公里，涵盖近30%的陆域国家重点保护野生动植物种类。不断完善现代环境治理体系。

（三）绿色低碳转型加快推进

完善碳达峰碳中和顶层设计和工作机制，出台《关于完整准确全面贯彻新发展理念做好碳达峰碳中和工作的意见》，编制《2030年前碳达峰行动方案》，明确“碳达峰十大行动”，对碳达峰碳中和工作作出系统谋划和总体部署，绘就了时间表、路线图、施工图。启动全国碳排放权交易市场，创设碳减排支持工具。推动产业绿色转型和能源结构调整，坚决遏制“两高”项目盲目发展，印发《关于加强高耗能、高排放建设项目生态环境源头防控的指导意见》，推进以沙漠、戈壁、荒漠地区为重点的大型风电、光伏基地建设。天然气、水电、核电、风电、太阳能发电等清洁能源消费占能源消费总量比重比2020年提高1.0个百分点，煤炭消费占比下降0.8个百分点。绿色产品产量快速增长，新能源汽车、太阳能电池产量分别比2020年增长152.5%、42.1%。出台完善能源消费强度和总量双控制度方案，严格能效约束推动重点领域节能降碳，单位GDP能耗比2020年降低2.7%。

六、人民生活水平稳步提高

坚持以人民为中心的发展思想，及时回应民生关切，着力解决人民群众急难愁盼问题，社会事业加快发展，民生保障水平稳步提高。

（一）城乡居民收入较快增长

着力扩大中等收入群体，促进居民收入持续增加，2021年全国居民人均可支配收入35128元，比2020年名义增长9.1%，两年平均名义增长6.9%；扣除价格因素实际增长8.1%，两年平均增长5.1%，与经济增长基本同步。其中，城镇、农村居民分别达到 47412 元、18931 元，实际分别增长 7.1%、9.7%。特别是随着资本市场、利率市场化、住房租赁市场等改革不断推进，居民人均经营净收入、财产净收入分别比 2020 年增长 11%、10.2%。

（二）脱贫攻坚成果得到巩固和拓展

保持主要帮扶政策总体稳定，加强对脱贫不稳定户、边缘易致贫户和突发严重困难户的监测帮扶，防止规模性返贫。推进脱贫地区特色产业提升行动，财政资金继续向脱贫地区倾斜，2021 年中央推进乡村振兴补助资金投入 1561 亿元，比 2020 年增加 100 亿元，继续在脱贫县实行涉农资金统筹整合试点政策。深化东西部协作帮扶，2021 年东部 8 省市向西部 10 省区市投入财政援助资金 228.7 亿元，互派干部人才 2.3 万人。使用小额信贷、涉农保险等手段支持脱贫户发展产业。促进脱贫人口稳岗就业增收，加大在岗培训力度，积极开展劳务协作，脱贫劳动力务工规模达 3145 万人。脱贫县农村居民人均可支配收入 14051 元，比 2020 年名义增长 11.6%，实际增长 10.8%，快于全国农村居民收入增速。

（三）基本民生保障力度加大

上调退休人员基本养老金，推进基本养老保险全国统筹，截至 2021 年底，基本养老保险参保人数达 10.29 亿人，参保率超过 91%，领取养老金的参保退休职工和城乡居民近 3 亿人。加快基本养老服务体系建设，开展居家和社区基本养老服务提升行动，拓展县乡村三级农村养老服务网络，全国养老服务机构和设施总数超过 35 万个、床位 813.5 万张。健全分层分类的社会救助体系，及时将低保边缘家庭重病重残人员纳入低保范围，2021 年末全国共有 738 万人享受城市最低生活保障，3474 万人享受农村最低生活保障，438 万人享受农村特困人员救助供养，全年临时救助 1089 万人次。年末全国领取失业保险金人数 259 万人，参加工伤保险人数 28284 万人。建立健全职工基本医疗保险门诊共济保障机制，完善职工基本医疗保险制度，全国基本医疗保险覆盖 13.6 亿人，参保率稳定在 95%以上。

（四）教育改革发展迈出新步伐

持续扩大普惠性学前教育资源供给，以县为单位做好资源布局规划的优化调整，普惠性幼儿园覆盖率达到 87.8%，学前教育毛入学率达到 88.1%。推动义务教育均衡发展，2021 年全国九年义务教育巩固率达到 95.4%，90.9%的进城务工人员随迁子女在公办学校就读或享受政府购买学位，实现符合条件应入尽入。加大农村义务教育薄弱环节建设力度，提高学生营养改善计划补助标准，农村义务教育学生营养膳食补助国家基础标准由每生每天 4 元提高至 5 元，3700 多万学生受益。保障义务教育教师工资待遇，实现工资收入、职称评聘等方面向农村教师倾斜。减轻义务教育阶段学生作业负担和校外培训负担，校外学科类培训大幅压减，校内服务有效提升。超额完成高职扩招三年行动目标。国家助学贷款每人每年最高额度增加 4000 元，惠及 500 多万在校生；规范大学生互联网消费贷款。深化新时代学校思政课改革创新，印发《习近平新时代中国特色社会主义思想进课程教材指南》，全面推进高校课程思政，推出示范课程 699 门。做好高校毕业生就业指导服务，高校毕业生就业状况保持总体稳定、稳中有升。推动《深化新时代教育评价改革总体方案》落地落实，开展教育评价改革试点，出台义务教育和普通高中质量评价、本科教育教学评估等系列配套文件。

（五）保障性住房建设扎实推进

2021 年，各地和各有关部门落实党中央、国务院决策部署，通过增加土地供应、安排专项资金集中建设等办法，有效增加保障性租赁住房和共有产权住房供给。40 个重点城市筹集保障性租赁住房 94.2 万套（间），共帮助 200 多万新市民、青年人等缓解住房困难。规范发展公租房，新开工公租房8.8万套。稳步推进棚户区改造，各类棚户区改造开工165万套。全面推进城镇老旧小区改造，新开工改造城镇老旧小区5.6万个，惠及居民965万户。2019—2021年，全国累计新开工改造城镇老旧小区11.5万个，帮助2000多万户老旧小区居民改善了居住条件和生活环境。引导灵活就业人员参加住房公积金制度，完成异地购房提取等5项高频服务事项“跨省通办”。

七、疫情防控成果持续巩固

面对这场世纪疫情，我国坚持“外防输入、内防反弹”总策略和“动态清零”总方针，持续完善疫情防控指南和技术标准，优化常态化防控的各项政策举措，提高全链条科学精准防控水平。全面加强疫情防控指导，压实“四方”责任，落实“四早”要求，推动各地疫情防控指挥体系高效运转，最大限度遏制疫情通过口岸传播，建立口岸防控专班，实施“人、物、环境”同防，强化对进口冷链食品消毒，严格高风险人员闭环管理，德尔塔、奥密克戎等变异毒株引发的个别地区聚集性疫情得到及时有效处置。加快提升流调溯源和核酸检测能力。分片区组建国家级流调队伍，对6000多家发热门诊和1100多家定点医院进行严密管控，全国核酸检测总体能力超过3000万份/天。全力做好新冠肺炎患者的医疗救治，注重发挥中医药治疗的独特优势，2021年全年未出现新冠肺炎死亡病例，本土疫情基本在一个最长潜伏期实现社会面清零。全年处置和化解了32起聚集性疫情，圆满完成重大会议活动疫情防控保障，保持全球疫情防控优势地位。

持续推进疫苗和药物研发，全力保障疫苗生产供应，稳妥有序推进新冠病毒疫苗接种工作，全国设置6万多个接种单位、50万医务人员参与。截至2021年底累计报告接种疫苗28.4亿剂次，完成全程接种人数超过12亿人，全程接种覆盖率超过85%，我国是全球主要经济体中疫苗接种人数最多的国家。科技抗疫取得新进展，14个疫苗获批开展Ⅲ期临床试验，7个疫苗获批使用，2个疫苗纳入全球紧急使用清单。首款中和抗体有效药物获批上市，65款检测试剂产品上市。

推动疫情国际联防联控，支持在多国多地开展科学溯源，坚决反对溯源政治化图谋，支持并参与“新冠疫苗实施计划”，推动疫苗在发展中国家的可及性和可负担性。累计向国际社会提供约3720亿只口罩，超过42亿件防护服，84亿人份检测试剂，向120多个国家和国际组织提供超过20亿剂新冠肺炎疫苗，成为世界对外提供疫苗最多的国家。

艰难方显勇毅，磨砺始得玉成。这些成绩的取得，是以习近平同志为核心的党中央坚强领导的结果，是习近平新时代中国特色社会主义思想科学指引的结果，是全党全国各族人民勠力同心、艰苦奋斗的结果。让我们更加紧密地团结在以习近平同志为核心的党中央周围，增强“四个意识”、坚定“四个自信”、做到“两个维护”，不断提高政治判断力、政治领悟力、政治执行力，以实际行动把党中央决策部署落实到位，不断把新时代中国特色社会主义事业推向前进。

3 推动经济发展质量变革、效率变革、动力变革

——高质量发展是多重约束下的最优解

党的十八大以来，我国经济发展平衡性、协调性、可持续性明显增强，国内生产总值突破百万亿元大关，人均国内生产总值超过 万美元，国家经济实力、科技实力、综合国力跃上新台阶，我国经济迈上更高质量、更有效率、更加公平、更可持续、更为安全的发展之路。习近平总书记在“七一”重要讲话中指出，“立足新发展阶段，完整、准确、全面贯彻新发展理念，构建新发展格局，推动高质量发展”。党的十九届六中全会通过的《中共中央关于党的百年奋斗重大成就和历史经验的决议》强调，必须实现创新成为第一动力、协调成为内生特点、绿色成为普遍形态、开放成为必由之路、共享成为根本目的的高质量发展，推动经济发展质量变革、效率变革、动力变革。2022 年，李克强总理在《政府工作报告》中明确要求，要按照以习近平同志为核心的党中央部署要求，完整、准确、全面贯彻新发展理念，加快构建新发展格局，推

动高质量发展。

2021 年，世界百年未有之大变局和新冠肺炎疫情全球大流行交织影响，外部环境更趋复杂严峻，国内新冠肺炎疫情防控和经济社会发展各项任务极为繁重艰巨。我国沉着应对百年变局和世纪疫情，构建新发展格局迈出新步伐，高质量发展取得新成效，实现了“十四五”良好开局。2022 年将召开中国共产党第二十次全国代表大会，是党和国家事业发展进程中十分重要的一年。2022 年也是进入全面建设社会主义现代化国家、向第二个百年奋斗目标进军新征程的重要一年。现阶段，我国生产函数正在发生变化，经济发展的要素条件、组合方式、配置效率发生改变，面临的硬约束明显增多，资源环境的约束越来越接近上限，碳达峰碳中和成为我国中长期发展的重要框架，高质量发展和科技创新成为多重约束下求最优解的过程。

一、新时代我国经济建设必须实现高质量发展

（一）实现高质量发展是我国经济社会发展历史、实践和理论的统一

进入新发展阶段，贯彻新发展理念，构建新发展格局，推动高质量发展，是由我国经济社会发展的理论逻辑、历史逻辑、现实逻辑决定的。

从历史看，高质量发展是我们党在推动经济建设不断向高级形态迈进过程中形成的。走向高质量发展是一个历史过程。新中国成立初期，我国集中资源在短时间内建立起独立的、比较完整的工业体系和国民经济体系。党的十一届三中全会强调，要把全党工作的着重点和全国人民的注意力转移到社会主义现代化建设上来，提出改革开放的任务。党的十八大以来，中国特色社会主义进入了新时代，党中央提出要适应、把握、引领经济发展新常态，坚定不移贯彻新发展理念。党的十九大根据发展阶段和社会主要矛盾重大变化，经过充分论证，明确提出我国经济

已由高速增长阶段转向高质量发展阶段。

从实践来看，高质量发展是全面建设社会主义现代化国家的需要。实践呼唤高质量发展。当前，我国社会主要矛盾已经转化为人民日益增长的美好生活需要和不平衡不充分的发展之间的矛盾。不平衡不充分本质上是发展质量不高。在全面建设小康社会阶段，我们主要解决的是量的问题；在全面建设社会主义现代化国家阶段，必须解决好质的问题，在质的大幅提升中实现量的持续增长。

从理论来看，高质量发展是我们党把握发展规律从实践认识到再实践再认识的重大理论创新。党的十八大以来，以习近平同志为核心的党中央作出经济发展面临“三期叠加”、经济发展进入新常态等判断。党的十九大作出我国经济转向高质量发展阶段的判断，党的十九届六中全会对高质量发展作了进一步强调。推动高质量发展的重要论述，连同经济发展新常态、贯彻新发展理念、构建新发展格局等，成为习近平新时代中国特色社会主义经济思想的重要组成部分，是马克思主义政治经济学的最新成果。党的十八大以来，在习近平新时代中国特色社会主义经济思想指引下，我国经济实力、科技实力、综合国力跃上新台阶，经济迈上更高质量、更有效率、更加公平、更可持续、更为安全的发展之路。

（二）2022 年国内外形势复杂严峻

综合研判国内外形势，2022 年我国发展面临的风险挑战明显增多，必须爬坡过坎。

从国际形势来看，全球疫情仍在持续，地缘政治风险上升，外部环境更趋复杂严峻和不确定。世界经济复苏动力不足。受疫情、量化宽松政策退出等影响，美欧等发达经济体经济增速可能放缓，一些新兴市场国家经济恢复将面临更多困难。地缘政治紧张局势升级等也可能引发新的全球风险。全球通胀压力居高不下，大宗商品价格高位波动，一些重点原材料、关键零部件、中间产品等供应短缺。主要经济体宏观政策转向的外溢效应将逐步显现，有可能对我国经济金融稳定发展造成影响。

从国内形势来看，我国经济发展面临需求收缩、供给冲击、预期转弱三重压力。有效需求依然不足。居民消费能力、消费意愿有所减弱，线下接触性消费恢复较慢，大宗消费增长后劲不足。投资恢复较慢。供给存在结构性短缺。企业生产仍面临能源原材料短缺等问题，部分行业“卡脖子”问题突出，科技创新能力还有待加强。企业生产经营困难。中小微企业、个体工商户经营困难，稳就业任务更加艰巨。经济金融领域风险不容小视。一些高负债、盲目扩张的企业风险暴露。一些地方财政收支矛盾加大，部分中小银行资产质量下降，经济金融领域隐患较多。

越是面对困难，越要用全面、辩证、长远的眼光看待我国发展，越要坚定信心。无论国际风云如何变幻，我们都要坚定不移做好自己的事情，不断做强经济基础，增强科技创新能力，坚持多边主义，主动对标高标准国际经贸规则，以高水平开放促进深层次改革、推动高质量发展。

二、在新发展阶段扎实推动高质量发展

（一）深入实施创新驱动发展战略

1. 提升科技创新能力。要充分发挥新型举国体制优势，形成加快科技创新的合力。基础研究是科技创新的源头和先导。要加强长期稳定支持，坚持增加投入与完善机制并重。2022 年要继续增加中央财政投入，带动地方政府投入，同时引导企业和社会力量增加基础研究投入。要完善支持基础研究发展的体制机制，促进自由探索和问题导向有机结合，在选题立项、资金支持、评审评价等方面采取针对性措施，推动形成基础研究支撑技术突破、应用需求牵引源头创新的良性循环。要推进重大科技基础设施建设，加强国家科学数据中心和科技资源库建设，推动科

研仪器设施向社会开放，促进学科交叉和跨主体共享，为各类人才投身基础研究创造更好条件。

深化科技体制机制改革。要强化国家战略科技力量，发挥好国家实验室、全国重点实验室、国家科研机构、高水平研究型大学、科技领军企业等战略科技力量的作用，健全新型举国体制。要改进重大科技项目立项和组织管理方式，优化项目选题机制，完善“揭榜挂帅”“赛马”等新型管理制度，推行技术总师负责制。要加快转变政府科技管理职能，坚持“抓战略、抓改革、抓规划、抓服务”的定位，强化规划政策引导，推动科研管理向创新服务转变。

要支持各具特色的区域创新。要加强北京、上海、粤港澳大湾区科技资源统筹布局，打造具有全球影响力的科技创新中心和高水平人才高地，支持有条件的地方建设区域科技创新中心，发展创新型城市和城市群。健全东西部科技合作机制，促进区域创新协调联动和互助共进。

要推进国际科技合作。要更加积极融入全球创新网络，加大国家科技计划开放力度，促进各类创新主体开放合作，加大人才对外开放力度。

2. 加大企业创新激励力度。一是完善企业创新服务体系，加快构建龙头企业牵头、高校院所支撑、各创新主体相互协同的创新联合体，促进各类创新要素向企业集聚。加大金融支持创新力度，促进创业投资发展。二是促进企业加大研发投入。进一步完善和强化税收优惠等普惠性激励政策，加大研发费用加计扣除政策实施力度，将科技型中小企业加计扣除比例从75%提高到100%，加大对中小微企业购置设备器具所得税税前扣除力度。促进同向发力、形成叠加效应，推动企业加大创新投入、加快技术改造和设备更新，培育壮大发展新动能。三是加快科技成果转移转化。要加快完善科技成果使用、处置、收益管理制度，加强国家技术转移体系建设，推动高校、科研院所与企业共同建立科技成果转化服务平台，加快产业化规模化应用。

3. 增强制造业核心竞争力。加强能源、原材料保供稳价和关键零部件供给保障，同时建立完善产业链供应链苗头性问题预警机制。实施龙头企业保链稳链工程，依托龙头企业推动畅通整个产业链供应链循环，引领和带动中小企业稳定恢复。着力扩大工业品需求，促进扩大消费，抓好制造业稳外贸工作。提振制造业有效投资，指导各地用好地方政府专项债券和中央预算内投资，撬动更多社会投资。抓好制造业助企纾困政策落实，让针对性强、含金量高的助企纾困措施尽快落地见效，引导金融机构增加制造业中长期贷款。实施产业基础再造工程，加快建立自主可控、安全可靠的国内生产供应体系，提高产品技术水平。促进传统产业升级，推动传统产业智能化、高端化、绿色化。一是推动企业开展技术改造升级，二是持续推进产业结构调整，三是推动绿色低碳转型。加快发展先进制造业集群，实施国家战略性新兴产业集群工程。鼓励支持中小企业专注主业、精耕细作、强化创新，走“专精特新”的发展道路。推进质量强国建设，着力提升“中国制造”的品牌影响力。

4. 促进数字经济发展。建设智能化综合性数字信息基础设施，逐步构建算力、算法、数据、应用资源协同的全国一体化大数据中心体系，有序推进基础设施智能升级。促进产业数字化转型，提升产业链各环节数字化水平。推进数字产业化，加快发展工业互联网，培育壮大集成电路、人工智能等数字产业，提升关键软硬件技术创新和供给能力，超前布局前沿新兴数字产业。大力培育数据要素市场，释放数据要素潜力。

（二）坚定实施扩大内需战略

1. 推动消费持续恢复。消费对经济发展具有基础性作用，2022 年以来，消费恢复仍面临压力，必须采取有效措施。

一是发展服务消费。促进生活服务消费恢复，要继续做好常态化疫情防控，不断优化完善防控措施，科学精准处置局部疫情，保持正常生产生活秩序。鼓励生活服务企业推出更多标准化、无接触交易服务，支持地方结合实际发展夜间经济，严格落实带薪休假等制度安排，拓展消费时段，激发旅游等的消费潜力。发展养老、托幼服务。要扩大普惠性养老、托幼服务供给，通过政府购买服务、公建民营、民办公助等方式，引入社会力量。要健全老有所养、幼有所育政策体系，落实好对养老、托幼机构的帮扶措施，促进养老、托幼服务业持续健康发展。促进家政服务业提质扩容。要强化财税金融支持，增加家政服务有效供给。推动家政进社区，提升家政服务规范化水平，加大教育培训力度，提高家政从业人员素质，完善公共服务政策，优化家政服务人员从业环境。

二是稳定增加大宗消费。促进汽车消费。要深化汽车流通领域改革，加快推动汽车由购买管理向使用管理转变。改善汽车使用条件，增加停车场、充电桩、换电站等配套设施建设，加快建设动力电池回收利用体系。要继续支持新能源汽车消费，促进二手车便利交易，扩大二手车流通。推动家电更新消费。要引导消费者转变消费观念，更多购买绿色智能家电产品。完善废旧家电回收处理体系，鼓励地方开展绿色智能家电下乡和以旧换新。

三是培育壮大新型消费。推动线上线下消费深度融合。推动商场、超市、便利店等数字化改造和线上线下协同，引导实体企业更多开发数字化产品和服务，加快传统线下业态数字化、智能化改造和转型升级，发展个性化定制、柔性化生产，支持消费领域线上企业有序向线下延伸拓展，挖掘市场潜力。发展消费新业态新模式。积极发展“互联网+医疗健康”，深入发展数字文化和旅游，支持演播、数字艺术等新业态发展，发展开放式、泛在式、个性化在线学习，大力发展智能体育，打造体育产业新业态，推动体育设施智能化、信息化建设。

四是扩大县乡消费。加强县域商业体系建设，要增加优质商品供给，提供多种生活服务，打造县乡消费集聚平台。完善县域商业设施，改造提升县域综合商贸服务中心和物流配送中心，建设改造一批乡镇商贸中心，改造农村传统商业网点。发展农村电商和快递物流配送。畅通工业品下乡和农产品进城双向流通渠道，打通农村消费“最后一公里”，实现农民增收与消费提质良性循环。

2. 积极扩大有效投资。我国基础设施和民生领域还有许多薄弱环节，同时推动技术进步、产业改造升级也离不开投资，有效投资有很大潜力。

准确把握扩大有效投资的方向和重点。要围绕国家重大战略部署和“十四五”规划，适度超前开展基础设施投资，建设重点水利工程、综合立体交通网、重要能源基地和设施。要加强市政设施和防灾减灾能力建设，加快城市燃气管网更新改造步伐，完善防洪排涝设施，继续推进地下综合管廊建设。开工改造一批城镇老旧小区，推进无障碍环境建设和适老化改造。

用好政府投资资金。提高地方政府专项债资金使用效益，要强化绩效导向，坚持“资金跟着项目走”，合理扩大使用范围，支持在建项目后续融资。灵活使用中央预算内投资，要根据项目特点和投资场景，灵活采取直接投资、资本金注入、投资补助和贷款贴息等方式，切实把钱用到刀刃上。加强政府投资项目前期谋划储备，要解决好资产端项目储备不足、前期工作不成熟等问题，确保资金及早发挥效益。

充分调动民间投资积极性。用好减税降费政策，实施新的组合式税费支持政策，特别是实行大规模留抵退税，提振民间投资信心。持续降低各类门槛，拓宽民间投资空间。要持续放宽市场准入，严禁在项目核准、投资补助、贷款贴息、土地使用、环评审批等方面对民间投资设置附加条件。创新市场导向的投融资模式，规范推进 PPP 项目投资建设和运营，有条件地扩大项目边界，健全投资回报机制，合规运用政府信用支持，调动社会资本参与积极性。

（三）推进区域协调发展和新型城镇化

1. 增强区域发展平衡性、协调性。要立足资源环境承载能力和功能定位，深入实施区域重大战略和区域协调发展战略，进一步健全区域协调发展体制机制，加快塑造区域发展新格局。

深入实施区域重大战略。继续推进京津冀协同发展。落实好北京非首都功能疏解方案，高标准、高质量建设雄安新区，打造承载北京非首都功能疏解的高质量样板，支持北京城市副中心高质量发展。推动长江经济带发展，深入推进污染治理“4 +1”工程，加快长江黄金水道建设，完善综合交通运输体系。积极稳妥推进粤港澳大湾区建设，加强重大合作平台建设，推进横琴粤澳深度合作区高质量发展和前海深港现代服务业合作区改革开放。加强制度衔接和政策协同，深入推进长三角地区基础设施、公共服务等重点领域一体化发展，稳步推进长三角生态绿色一体化发展。推动黄河流域生态保护和高质量发展，全方位贯彻“四水四定”原则，坚定不移走生态优先、绿色发展的现代化道路。

大力实施区域协调发展战略。推动西部大开发形成新格局，推动东北振兴取得新突破，推动中部地区高质量发展，鼓励东部加快推进现代化，推动革命老区巩固拓展脱贫攻坚成果，加强边疆地区建设，推进兴边富民、稳边固边。支持生态退化地区、资源型地区、老工业城市等更好地解决自身困难，持续增强内生发展动力。支持海洋经济发展示范区、现代海洋城市等建设，建设海洋强国。

2. 提升新型城镇化质量。城镇化是现代化的必由之路，要深入推进以人为核心的新型城镇化，不断提高人民生活质量。

加快农业转移人口市民化。要继续推进农业转移人口市民化，坚持存量优先、带动增量，统筹推进户籍制度改革和城镇基本公共服务常住人口全覆盖。推动城区常住人口 300 万以下城市落实全面取消落户限制政策，拓展举家落户渠道，不断提高落户便利度。要健全常住地提供基本公共服务制度，推动城镇基本公共服务覆盖未落户常住人口。

促进大中小城市和小城镇协调发展。要顺应城镇化发展规律，进一步优化城镇化空间布局，推动大中小城市和小城镇之间加强产业协作、基础设施互联互通、公共服务共建共享，更好地发挥中心城市、城市群、都市圈带动作用。2022 年要持续推进成渝地区双城经济圈建设，推动长江中游、北部湾等城市群发展。

有序推进城市更新，着力完善城市功能。要加强市政设施和防灾减灾能力建设，加快城市燃气等管网更新改造，完善城市防洪排涝设施。

开展老旧建筑和设施安全隐患排查整治，再开工改造一批城镇老旧小区，支持加装电梯等设施。科学配置城市公共资源，推进无障碍环境建设和公共设施适老化改造，健全菜市场、停车场等便民服务设施，加强社区生活服务设施建设。

加强历史文化保护传承。一是始终把保护放在第一位。以系统完整保护传承城乡历史文化遗产和全面真实讲好中国故事、中国共产党故事为目标。二是建立分类科学、保护有力、管理有效的城乡历史文化保护传承体系，完善制度机制政策、统筹保护利用传承，做到空间全覆盖、要素全囊括。还要着力解决城乡建设中历史文化遗产屡遭破坏、拆除等突出问题。确保各个时期重要城乡历史文化遗产得到系统性保护。

推动城市治理体系和治理能力现代化。要不断提高城市治理科学化、精细化、智能化水平，树立全周期管理理念。要严格落实城市规模、开发强度、“三区三线”划定等要求，促进土地节约集约利用。要改革完善城市管理体制，推动城市治理重心和配套资源向基层下沉。运用数字技术推动城市管理手段、模式、理念创新，精准高效地满足群众需求。

（四）促进乡村全面振兴

1. 加强粮食等重要农产品稳产保供。积极推进农业供给侧结构性改革。要确定粮食播种面积，优化粮食结构，强化夏粮田间管理，促进大豆和油料增产，加强生猪产能调控，抓好畜禽、水产、蔬菜等生产供应，支持棉花、甘蔗等生产。坚持调动农民务农种粮和地方政府重农抓粮两个积极性。强化“稳面积”政策支持，适当提高稻谷、小麦最低收购价，稳定玉米、大豆生产者补贴和稻谷补贴政策，对种粮农民给予一次性农资补贴，加大产粮大县奖励力度。

大力加强耕地保护和建设。要落实最严格的耕地保护制度，坚决守住18亿亩耕地红线，划足划实永久基本农田。加大耕地执法监督力度，坚决遏制耕地“非农化”，实事求是纠正耕地“非粮化”。要实施好新一轮高标准农田建设规划，统筹推进高效节水灌溉与高标准农田建设，提高建设质量和效益。

持续强化农业科技支撑。实施种业振兴行动，启动农业生物育种重大项目，建设种业领域国家重大创新平台，强化种业知识产权保护和市场监管，加快构建以企业为主体、产学研用深度融合的商业化育种体系。

2. 全面巩固拓展脱贫攻坚成果。完善监测帮扶机制，做到早发现、早干预、早帮扶。因地制宜建立监测标准年度调整机制，确保及时发现、应纳尽纳。根据监测对象风险类别、发展能力、发展需求等精准施策，提前开展针对性帮扶。统筹帮扶资源，切实把监测帮扶机制完善好、执行好，确保工作不留空档、政策不留空白。

促进脱贫人口持续增收，着力抓好产业和就业，保持主要帮扶政策总体稳定，多渠道推动脱贫人口收入持续较快增长。巩固提升脱贫地区特色产业，提高脱贫人口家庭经营性收入。发挥以工代赈作用，加强职业技能培训。统筹用好乡村公益岗位。强化国家乡村振兴重点帮扶县帮扶措施，加大易地搬迁集中安置区支持力度，深化东西部协作、定点帮扶和社会力量帮扶。

3. 扎实稳妥推进农村改革发展。开展好第二轮土地承包到期后再延长 30 年整县试点。深化供销合作社、集体产权、集体林权、国有林区林场、农垦等改革，要推动深化新阶段农村改革。创新农业经营体系。加快发展乡村产业。持续推进农村一二三产业融合发展，要坚持在做优做强农业的基础上，大力发展依托农业农村资源的二三产业，拓展农业多种功能，挖掘乡村多元价值。大力发展县域富民产业。拓宽县域就业空间。积极发展新型农村集体经济。严格规范村庄撤并，保护传统村落和乡村风貌。启动乡村建设行动，深入开展文明村镇建设，强化农村基层党组织建设，重视农民思想道德教育，重视法治建设，健全乡村治理体系，深化村民自治实践。

（五）持续改善生态环境，推动绿色低碳发展

1. 加强生态环境综合治理。一是深入打好污染防治攻坚战。强化大气多污染物协同控制和区域协同治理。扎实推进重污染天气消除、臭氧污染防治、柴油货车污染治理等标志性战役，协同控制 PM2.5 和臭氧污染，着力解决好人民群众反映强烈的突出生态环境问题。加大水污染整治力度，必须坚持系统治理，持续改善水生态环境质量。扎实推进城市黑臭水体治理、长江保护修复、黄河生态保护治理等标志性战役。聚焦重点海域，实施好综合治理。深入推进土壤污染防治，实施农用地土壤镉等重金属污染源头防治行动，开展耕地土壤污染成因排查和分析。进一步加大对固体废物和新污染物的治埋力度，巩固禁止洋垃圾入境成果，加强塑料污染监督管理，加强重点行业、重点区域重金属污染防控。加快完善生活垃圾分类体系，加强垃圾分类宣传，普及分类知识，引导群众普遍参与。

二是积极发展节能环保产业。拓展节能环保产业市场空间，大力发展大气环境、水环境、土壤治理与生态修复等产业，加强环境友好型技术与产品供给。加快培育节能环保市场主体，进一步发挥龙头企业的骨干作用，着力培育打造一批综合实力强、管理水平先进的龙头企业和产业集团，加快布局一批创新优势突出、规模效益显著、产业链协同发展的产业集聚区。要进一步完善体制机制，优化财税、金融、价格等支持政策，为节能环保产业发展创造条件。

三是加大生态系统保护和修复力度。实施“三线一单”（生态保护红线、环境质量底线、资源利用上线以及生态环境准入清单）生态环境分区管控。科学开展国土绿化，针对重点区域的突出生态问题，因地制宜确定绿化方式，进一步完善退耕还林还草政策，实施退化草原修复、防沙治沙等工程项目。统筹山水林田湖草沙系统治理。推进以国家公园为主体的自然保护地体系建设，建设青藏高原国家公园群。进一步提高保护能力和管理水平，确保重要生态系统、生物物种和生物遗传资源得

到全面保护。

2. 有序推进碳达峰碳中和工作。习近平总书记提出，中国将采取更加有力的政策和措施，二氧化碳排放力争于2030年前达到峰值，努力争取2060年前实现碳中和。这是以习近平同志为核心的党中央统筹国内国际两个大局作出的重大决策。实现碳达峰碳中和是一场广泛而深刻的经济社会系统性变革，不是轻轻松松就能实现的。

实现碳达峰碳中和要把系统观念贯穿“双碳”工作全过程，处理好发展和减排、整体和局部、长远目标和短期目标、政府和市场的关系。推动能源革命，坚决控制化石能源消费，把促进新能源和清洁能源发展放在更加突出的位置。推进产业优化升级，推动互联网、大数据、人工智能、5G等新兴技术与绿色低碳产业深度融合，提高绿色低碳产业在经济总量中的比重。加快绿色低碳科技革命。创新人才培养模式，鼓励高等学校加快相关学科建设，推进绿色低碳技术研发和推广。完善绿色低碳政策体系，健全“双碳”标准，健全法律法规，完善财税、投资、金融等政策。积极参与和引领全球气候治理，秉持人类命运共同体理念，推动构建公平合理、合作共赢的全球气候治理体系。

（六）切实保障和改善民生，加强和创新社会治理

1. 促进教育公平与质量提升。一是深入落实立德树人根本任务，坚持把德育摆在突出位置，发挥思政课铸魂育人主渠道作用，引导广大师生牢固树立对马克思主义的信仰、对中国特色社会主义的信念、对中华民族伟大复兴中国梦的信心。统筹加强体育美育劳动和健康教育。提升国家通用语言文字普及程度和质量。二是发展更加公平和更高质量的基础教育。推动义务教育优质均衡发展和城乡一体化，保障适龄儿童就近入学，解决好进城务工人员子女就学问题。推进学前教育普及普惠发展，完善普惠性幼儿园布局规划，完善普惠性学前教育保障机制。促进普通高中特色多样发展，加强县域普通高中建设，提升整体办学水平。三是提高教育服务经济社会发展能力。发展现代职业教育，改善职业教

育办学条件，完善产教融合办学体制，增强职业教育适应性。推动高等教育内涵式发展，系统谋划推进高校人才培养工作，加快培养理工农医类专业紧缺人才。要进一步优化区域高等教育资源布局，支持中西部高等教育发展。完善服务全民终身学习的教育体系，创新发展老年教育，完善特殊教育体系，发展在线教育。

2. 提高医疗卫生服务能力。一是加强基本医保保障和服务，减轻人民群众看病就医负担。要深化医保支付方式改革，规范医疗机构收费和服务。完善跨省异地就医直接结算办法，使更多群众异地就医更为便利。加强医保基金监管，严厉打击骗保行为。强化药品疫苗质量安全监管。二是抓好重大疾病防治，完善疾病预防控制体系。要坚持预防为主，加强健康教育和管理，提高疾病预防控制能力。完善重大疾病防控策略，提高防治服务保障水平。加强罕见病研究和用药保障，提高罕见病综合诊疗能力。健全疾病预防控制网络。三是坚持中西医并重，大力发展中医药事业。要进一步加大振兴发展支持力度，完善和强化相关政策措施，深化中医药综合改革，全面实施中医药振兴发展重大工程。四是完善医疗服务体系，着力提升基层防病治病能力。推动公立医院综合改革和高质量发展，补齐妇幼儿科、精神卫生、老年医学等服务短板。大力加强乡村医生队伍建设，落实和完善乡村医生待遇保障与激励政策。

3. 推进社会治理共建共治共享。提升基层治理能力，要健全基层治理党的领导体制，增强基层党组织的政治功能和组织力，把基层党组织建设成为领导基层治理的坚强战斗堡垒。要不断强化社区为民、便民、安民服务功能，推动基本公共服务资源向村（社区）下沉。健全社会信用体系，要坚持依法合规、保护权益、审慎适度、清单管理，规范和完善失信约束制度，有序健康推进社会信用体系建设。

维护群众合法权益，促进社会公正。坚决保障妇女儿童合法权益，严厉打击拐卖、收买妇女儿童犯罪行为，贯彻落实男女平等基本国策。健全老年人、残疾人关爱服务体系。完善信访制度，加强矛盾纠纷排查化解，解决群众合理诉求。健全社会矛盾纠纷多元预防调处化解综合机制。重视社会心理服务，在全社会开展心理健康知识宣传，健全社会心理服务体系和疏导机制、危机干预机制。强化公共法律服务和法律援助，基本形成覆盖城乡、便捷高效、均等普惠的现代公共法律服务体系。

建设更高水平的平安中国、法治中国。提高防灾减灾救灾和应急救援能力，做好洪涝干旱、森林草原火灾、地质灾害、地震等防御和气象服务。落实安全生产责任和管理制度，有效遏制重特大事故发生。严格食品全链条质量安全监管，坚决筑牢食品安全每一道防线，确保广大人民群众“舌尖上的安全”。切实维护国家安全和社会安定。强化网络安全、数据安全和个人信息保护，加强社会治安综合治理，推动扫黑除恶常态化，坚决防范和打击各类违法犯罪。

三、加强实现高质量发展的动力和保障

实现第二个百年奋斗目标，我们要认真贯彻党的十九大和十九届二中、三中、四中、五中、六中全会精神，找准发展中面临的矛盾，坚持问题导向，面向各个方面的主要制约，必须完整、准确、全面贯彻新发展理念，加快构建新发展格局，推动高质量发展。

（一）加快构建新发展格局

以习近平同志为核心的党中央提出加快构建以国内大循环为主体、国内国际双循环相互促进的新发展格局，这是推动高质量发展的重大战略，是实现第二个百年奋斗目标的重大战略选择。从国际看，世界百年未有之大变局加速演进，国际经济、科技、政治、安全等格局都在发生深刻调整。从国内看，我国正处于转变发展方式、优化经济结构、转换增长动力的攻关阶段，结构性、体制性、周期性问题交织。同时，我国已转向高质量发展阶段，构建新发展格局具有多方面突出优势和条件。

建设全国统一大市场是构建新发展格局的基础支撑和内在要求，构建新发展格局，必然要以全国统一大市场为基础。加快建设超大规模的国内统一市场能够实现更高层次的分工协作，推动经济高质量发展，为高水平社会主义市场经济体制夯实基础。推进科技自立自强。发挥社会主义市场经济条件下新型举国体制优势，强化国家战略科技力量，集合优势资源，着力解决制约国家发展和安全的重大难题。构建具有强大韧性的产业链供应链。贯彻落实总体国家安全观，把安全发展贯穿构建新发展格局全过程和各领域，形成全面可靠的发展安全保障体系。坚定实施扩大内需战略，加快培育完整的内需体系，建立起扩大内需的有效制度，促进总供给和总需求在更高水平上实现动态平衡。实行高水平对外开放，推动国内国际双循环相互促进。

（二）以深化供给侧结构性改革为主线

我国经济运行的主要矛盾仍然是供给侧结构性的，必须坚持以供给侧结构性改革为主线不动摇。深化供给侧结构性改革，要畅通国内大循环，突破供给约束堵点，打通生产、分配、流通、消费各环节，着力提高供给体系质量，促进供需高水平动态均衡。

壮大实体经济，加快建设制造强国。要深化金融供给侧结构性改革，加强治理结构改革，提高金融体系服务实体经济的能力和水平，促进实体经济与金融协调发展，实现“科技—产业—金融”的高水平循环。适应数字化趋势，发展数字经济，推动传统产业技术改造，发展战略性新兴产业。在深化供给侧结构性改革的同时，还要注重需求侧管理，坚定实施扩大内需战略。内需是我国经济发展的基本动力，扩大内需是构建新发展格局的战略基点。健全扩大内需的有效制度，加快培育完整内需体系，形成需求牵引供给、供给创造需求的更高水平动态平衡。实施好区域协调发展战略，打造高质量发展增长极。

（三）始终坚持改革开放

改革开放是中国人民和中华民族发展史上一次伟大革命，正是这个伟大革命推动了中国特色社会主义事业的伟大飞跃！改革开放的伟大实践，是中国特色社会主义形成和发展的不竭动力源泉。改革开放这一伟大的社会革命深化了我们党对社会主义建设规律的认识，为坚持和发展中国特色社会主义提供了有力支撑。在更高起点上推进改革开放，必须坚定不移贯彻新发展理念，全面深化改革。坚持摸着石头过河和加强顶层设计相结合，坚持党的领导和尊重人民首创精神相结合，坚持问题导向和目标导向相统一，深化重要领域和关键环节改革。坚定不移全面扩大开放，建设更高水平开放型经济新体制，形成国际合作和竞争新优势，推动建设开放型世界经济，推动构建人类命运共同体。

进入新发展阶段，推动实现高质量发展，面临的改革任务更为复杂艰巨，我们必须解放思想，以开拓精神和专业态度，推动改革开放在重点领域、关键环节取得重大突破。重点推动土地、金融、科技、数据等要素价格由市场决定，理顺煤、电等能源价格机制，鼓励绿色能源发展，围绕提高资源配置效率、畅通经济循环、增强有效激励来拓展改革的广度、深度。我国经济已深度融入世界经济，必须以高水平开放促进深层次改革、推动高质量发展。多措并举稳定外贸，积极利用外资。高质量共建“一带一路”，坚持共商共建共享，稳步拓展合作新领域。深化多双边经贸合作，推动与更多国家和地区商签高标准自贸协定。

（四）始终坚持“两个毫不动摇”

党的十八大以来，我们坚持和完善社会主义基本经济制度，并把“两个毫不动摇”写入新时代坚持和发展中国特色社会主义的基本方略，作为党和国家一项大政方针进一步确定下来。《中共中央关于党的百年奋斗重大成就和历史经验的决议》中提到，明确必须坚持和完善社会主义基本经济制度，使市场在资源配置中起决定性作用，更好地发挥政府作用。牢牢坚持毫不动摇巩固和发展公有制经济，毫不动摇鼓励、支持、引导非公有制经济发展，推动各种所有制经济健康发展，是我国经济能经受住各种风浪冲击的重要制度保证。

建立和完善中国特色现代企业制度，支持国有资本和国有企业做强做优做大。完成国企改革三年行动任务，加快混合所有制改革，加强国有资产监管。落实支持民营经济发展的政策措施，鼓励引导民营企业改革创新，完善构建亲清政商关系的政策体系，营造良好的营商环境，促进非公有制经济健康发展和非公有制经济人士健康成长，推动各类所有制经济和市场主体公平竞争、相互促进、共同发展。支持和引导资本规范健康发展，强化市场监管和反垄断规制，防止资本无序扩张。要弘扬企业家精神，充分信任、依靠和尊重企业家，发挥企业家在推动企业创新、提高企业竞争力上的重要作用。依法平等保护企业产权、自主经营权和企业家合法权益。

历史照亮未来，奋斗未有穷期。我国经济快速发展的奇迹和大幅跃升的经济实力为实现更高目标奠定了雄厚的物质基础。新的伟大征程上，立足新发展阶段、贯彻新发展理念、构建新发展格局、推动高质量发展，坚定不移做好自己的事情，以优异成绩迎接党的二十大胜利召开，在全面建设社会主义现代化国家、向第二个百年奋斗目标进军的新征程上开拓前行。

4 保护知识产权就是保护创新

——全面加强知识产权保护工作

创新是引领发展的第一动力，保护知识产权就是保护创新。近年来，知识产权作为国家发展战略性资源和国际竞争力核心要素的作用更加凸显。知识产权保护工作关系国家治理体系和治理能力现代化，只有严格保护知识产权，才能完善现代产权制度、深化要素市场化改革，促进市场在资源配置中起决定性作用、更好地发挥政府作用。知识产权保护工作关系高质量发展，只有严格保护知识产权，依法对侵权假冒的市场主体、不法分子予以严厉打击，才能提升供给体系质量、有力推动高质量发展。知识产权保护工作关系人民生活幸福，只有严格保护知识产权，净化消费市场、维护广大消费者权益，才能实现让人民群众买得放心、吃得安心、用得舒心。知识产权保护工作关系国家对外开放大局，只有严格保护知识产权，才能优化营商环境、建设更高水平开放型经济新体制。知识产权保护工作关系国家安全，只有严格保护知识产权，才能有效保护我国自主研发的关键核心技术、防范化解重大风险。

一、我国知识产权保护发展历程

（一）知识产权保护的法律制度建设

我国知识产权保护工作，自新中国成立后不久就开始了。1950 年，我国就颁布了《保障发明权与专利权暂行条例》《商标注册暂行条例》等知识产权法规，对实施专利、商标制度作出了初步探索。党的十一届三中全会以后，我国知识产权工作逐步走上正规化轨道，相应的法律法规体系伴随着改革开放逐步建立与完善。

1982 年，第五届全国人民代表大会常务委员会第二十四次会议审议并通过了商标法，开创了我国知识产权立法之先河，标志着我国知识产权法制建设步入崭新阶段。此后，我国陆续颁布实施了《中华人民共和国专利法》《中华人民共和国技术合同法》（1999 年 10 月 1 日起废止）《中华人民共和国著作权法》等法律和《植物新品种保护条例》《集成电路布图设计保护条例》等法规。这些法律法规，构建起我国知识产权保护的基本体系。

改革开放后，我国的知识产权法律保护开始逐渐与国际接轨。1980 年 6 月 3 日，中国加入 1967 年 7 月成立的世界知识产权组织（WIPO），这是中国知识产权工作迈向国际保护体系的重要里程碑。随后我国相继加入《保护工业产权巴黎公约》《商标国际注册马德里协定》《保护文学艺术作品伯尔尼公约》等多个领域的知识产权国际公约。2000 年前后，因加入世界贸易组织的需求，我国根据《与贸易有关的知识产权协议》（TRIPs）的要求，对相关知识产权法律制度进行了修订完善。目前，我国已经加入了几乎所有主要的知识产权国际公约，建立起了门类较为齐全的知识产权法律法规，全面履行知识产权保护职责。

（二）知识产权保护的机构设置发展

新中国成立后，我国的商标注册工作先后由中央私营企业局和中央工商行政管理局主管。1978 年国家恢复工商行政管理机关后，内设商标局，主管全国商标注册和管理工作。1985 年，国务院批复同意设立国家版权局。1998 年 3 月，中国专利局正式更名为中国国家知识产权局，成为国务院的直属机构。2018 年，党的十九届三中全会作出深化党和国家机构改革的决定，通过了《深化党和国家机构改革方案》。在这次党和国家机构改革中，我国组建了国家市场监管总局，重新组建了国家知识产权局，实现了专利、商标、原产地地理标志等知识产权类别的集中统一管理和对商标、专利的综合执法。

1993 年 8 月 5 日，北京市高级人民法院、原北京市中级人民法院在全国法院率先成立知识产权审判庭，开启了我国知识产权专业化审判的序幕。2014 年 8 月 31 日，十二届全国人大常委会第十次会议表决通过了《全国人大常委会关于在北京、上海、广州设立知识产权法院的决定》。2019 年 1 月 1 日，最高人民法院知识产权法庭正式挂牌，主要审理全国范围内的专利等专业技术性较强的知识产权上诉案件，旨在进一步加大知识产权司法保护力度，优化科技创新法治环境，加快实施创新驱动发展战略。自 2016 年以来，南京、苏州、武汉等地的 22 个知识产权法庭陆续设立，知识产权审判体系不断得以完善。

（三）我国知识产权保护的新进展

党的十八大以来，党中央把知识产权保护工作摆在更加突出的位置，出台了《深入实施国家知识产权战略行动计划（2014—2020 年）》《国务院关于新形势下加快知识产权强国建设的若干意见》《关于强化知识产权保护的意见》等系列决策部署。

2021 年，党中央、国务院相继印发了《知识产权强国建设纲要（2021—2035 年）》和《“十四五”国家知识产权保护和运用规划》。党的十九届六中全会将强化知识产权创造、保护、运用写入《中共中央关于党的百年奋斗重大成就和历史经验的决议》。2022 年中央一号文件发布，强调强化种业知识产权保护，依法严厉打击套牌侵权等违法犯罪行为。2022 年，李克强总理在《政府工作报告》中明确要求，今年要加强知识产权保护和运用。在党和政府高度重视和社会大众参与支持下，知识产权创造量质齐升，知识产权保护更加有力，知识产权运用效益显著提高，知识产权高质量发展格局加快形成，在支持创新发展方面的作用更加突出，成效进一步显现。2022 年全国知识产权宣传周活动主题为全面开启知识产权强国建设新征程。2015—2021 年全国（不含港澳台地区）知识产权保护社会满意度总体情况如图 4－1 所示。

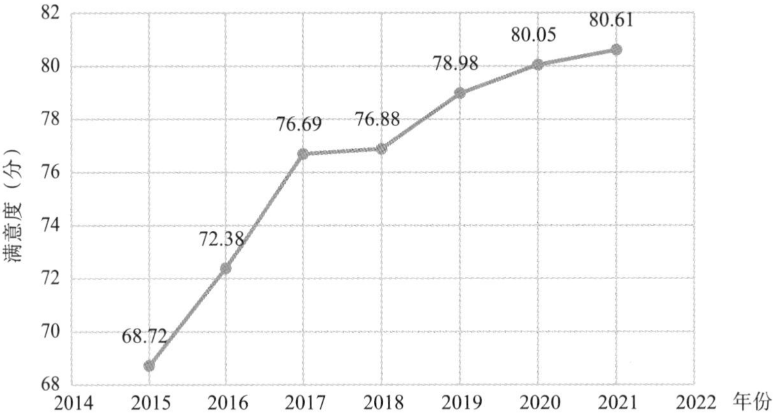

图 4－1　2015—2021 年全国（不含港澳台地区）知识产权保护社会满意度总体情况

数据链接

截至 2021 年底，我国专利、商标、地理标志、集成电路布图设计等知识产权工作在创造、保护、运用、服务方面的总体统计数据如下：

第一，专利方面。我国发明专利有效量为 359.7 万件。其中，国内（不含港澳台）发明专利有效量 270.4 万件。每万人口高价值发明专利拥有量达到7.5件，较2020年提高1.2件。2021年，受理PCT国际专利申请7.3万件，其中国内申请人提交6.8万件。专利复审结案5.4万件，无效宣告结案0.71万件。

第二，商标方面。我国有效商标注册量为3724万件。2021年，收到国内申请人马德里商标国际注册申请5928件。完成商标异议案件审查16.4万件，完成各类商标评审案件审理38.3万件。

第三，地理标志方面。我国累计批准地理标志产品2490个，累计核准地理标志作为集体商标、证明商标注册6562件。

第四，集成电路布图设计方面。我国集成电路布图设计累计发证5.2万件。

第五，知识产权保护、运用和服务方面。我国累计建设57家知识产权保护中心和30家知识产权快速维权中心，设立国家海外知识产权纠纷应对指导中心及22家地方分中心。知识产权服务机构数量达到7.3万家。

二、全面加强知识产权保护，激发全社会创新活力

（一）提高知识产权保护工作法治化水平

完备的知识产权法律法规体系、高效的执法司法体系，是强化知识产权保护的重要保障。开展知识产权基础性法律研究，做好专门法律法规之间的衔接，增强法律法规的适用性和统一性。根据实际及时修改专利法、商标法、著作权法和植物新品种保护条例，探索制定地理标志、外观设计等专门法律法规，健全专门保护与商标保护相互协调的统一地理标志保护制度，完善集成电路布图设计法规。制定修改强化商业秘密保护方面的法律法规，完善规制知识产权滥用行为的法律制度以及与知

识产权相关的反垄断、反不正当竞争等领域立法。修改科学技术进步法。结合有关诉讼法的修改及贯彻落实，研究建立健全符合知识产权审判规律的特别程序法律制度。要促进知识产权行政执法标准和司法裁判标准统一，完善行政执法和司法衔接机制。适应科技进步和经济社会发展形势需要，依法及时推动知识产权法律法规立改废释，适时扩大保护客体范围，提高保护标准。全面建立并实施侵权惩罚性赔偿制度，加大损害赔偿力度，加大对知识产权执法保护工作指导力度，加强对专利侵权纠纷行政裁决、商标违法行为办案指导。

加快新领域的制度设计，建立健全新技术、新产业、新业态、新模式知识产权保护规则。健全大数据、人工智能、基因技术等新领域新业态知识产权保护制度。研究构建数据知识产权保护规则。加强遗传资源、传统知识、民间文艺等获取和惠益分享制度建设，加强非物质文化遗产的搜集整理和转化利用。完善体育赛事节目、综艺节目、网络直播等领域著作权保护制度。研究制定事关国家安全的关键核心技术知识产权保护规则。推进我国知识产权有关法律规定域外适用。研究建立针对进口贸易的知识产权境内保护制度。完善跨境电商知识产权保护规则。

（二）强化知识产权全链条保护

知识产权保护是一个系统工程，覆盖领域广、涉及方面多，要综合运用法律、行政、经济、技术、社会治理等多种手段，从审查授权、行政执法、司法保护、仲裁调解、行业自律、公民诚信等环节完善保护体系，加强协同配合，构建大保护工作格局。要打通知识产权创造、运用、保护、管理、服务全链条，健全知识产权综合管理体制，增强系统保护能力。

1. 健全公正高效、管辖科学、权界清晰、系统完备的司法保护体制。加强知识产权司法资源配置，加强知识产权审判体系建设。健全知识产权审判组织，优化审判机构布局，完善上诉审理机制，深入推进知识产权民事、刑事、行政案件“三合一”审判机制改革，构建案件审理专门化、管辖集中化和程序集约化的审判体系。加强知识产权司法工作人员培养和选拔，加强技术调查官队伍建设。积极推进跨区域知识产权远程诉讼平台建设，充分发挥法院案件指定管辖机制作用，有效打破地方保护。强化民事司法保护，研究制定符合知识产权案件规律的诉讼规范。完善刑事法律和司法解释，加大刑事打击力度，准确适用知识产权领域行政执法移送刑事司法标准和刑事案件立案追诉标准，规范刑罚适用。加强知识产权案件检察监督机制建设，加强量刑建议指导和抗诉指导。

2. 健全便捷高效、严格公正、公开透明的行政保护体系。依法科学配置和行使有关行政部门的调查权、处罚权和强制权。大力提升行政执法人员专业化、职业化水平，探索建立行政保护技术调查官制度。加强知识产权行政执法指导制度建设。建立完善知识产权侵权纠纷检验鉴定工作体系。健全知识产权侵权纠纷行政裁决制度。探索依当事人申请的知识产权纠纷行政调解协议司法确认制度。健全跨区域、跨部门执法保护协作机制。加大行政处罚力度，加强侵权纠纷行政裁决，有效遏制恶意侵权、重复侵权、群体侵权。建立对外贸易知识产权保护调查机制和自由贸易试验区知识产权保护专门机制，加强商贸流通领域知识产权保护。完善专利、商标侵权判断标准。深化地理标志管理改革，推进国家地理标志产品保护示范区建设。加强特殊标志、官方标志和奥林匹克标志的保护，全方位做好北京 2022 年冬奥会和冬残奥会知识产权保护，做好上海第 46 届世界技能大赛、杭州第 19 届亚运会、成都第 31 届世界大学生夏季运动会等国际大型赛事相关特殊标志保护。

举个例子

冰墩墩“一墩难求”；“谷爱凌”等商标恶意抢注被驳回；未经许可生产、销售冰墩墩被判刑……北京 2022 年冬奥会与知识产权相关的新闻不断。为做好北京 2022 年冬奥会和冬残奥会奥林匹克标志知识产权保护工作，国家知识产权局、国家市场监督管理总局制定了《北京2022年冬奥会和冬残奥会奥林匹克标志知识产权保护专项行动方案》，其中要求全面充分有效地保护奥林匹克标志知识产权，大力宣传和普及奥林匹克标志保护，提升全社会知识产权保护意识，将日常监管与专项治理相结合，快速反应、及时处置，严厉打击侵犯奥林匹克标志专有权行为。强调严格赛时奥林匹克标志知识产权保护，要充分调配行政力量，全面加强奥林匹克标志知识产权保护。加强督导检查，对侵犯奥林匹克标志知识产权“零容忍”，发现一起查处一起，形成持续震慑的高压态势。

3. 健全统一领导、衔接顺畅、快速高效的协同保护格局。坚持党中央集中统一领导，实现政府履职尽责、执法部门严格监管、司法机关公正司法、市场主体规范管理、行业组织自律自治、社会公众诚信守法的知识产权协同保护。实施知识产权保护体系建设工程。明晰行政机关与司法机关的职责权限和管辖范围，健全知识产权行政保护与司法保护衔接机制，形成保护合力。鼓励行业协会、商会建立知识产权保护自律和信息沟通机制。完善知识产权纠纷多元化解决机制。培育和发展知识产权调解组织、仲裁机构、公证机构。建立国防领域知识产权纠纷多元化处理机制。建设知识产权保护中心网络和海外知识产权纠纷应对指导中心网络。加强知识产权领域诚信体系建设。要鼓励建立知识产权保护自律机制，推动诚信体系建设。要加强知识产权保护宣传教育，增强全社会尊重和保护知识产权的意识。健全知识产权信用监管体系，加强知识产权信用管理，依法依规对知识产权领域严重失信行为实施惩戒，将“故意侵犯知识产权”等行为列入严重违法失信名单。

4. 加强知识产权源头保护。促进知识产权高质量创造。健全高质量创造支持政策，加强人工智能、量子信息、集成电路等领域自主知识产权创造和储备。加强国家科技计划项目的知识产权管理，在立项和组织实施各环节强化重点项目科技成果的知识产权布局和质量管理。优化专利资助奖励等激励政策和考核评价机制，突出高质量发展导向。完善无形资产评估制度，形成激励与监管相协调的管理机制。建设一流知识产权审查机构。建立和完善以国家需求和用户满意为导向的专利商标审查管理机制，持续提高审查质量效率。完善适应创新发展需求的知识产权审查管理体系。推进实用新型制度改革，提高授权质量。

持续加强专利、商标审查全流程意识形态风险防控。严格地理标志保护产品认定和地理标志证明商标、集体商标的注册审查。提高专利、商标审查业务精细化管理水平，优化审查资源配置，加强智能化技术运用，提高审查工作效能，缩短审查周期。强化知识产权申请注册质量监管。完善以质量和价值为导向的知识产权统计指标体系，健全知识产权质量统计监测和反馈机制。

资料链接

一流专利商标审查机构建设工程

建设高水平审查员队伍，对标国际先进水平，完善审查人才培养体系，优化队伍结构，健全保障和激励机制，增强审查人员职业荣誉感。

提高审查智能化便利化水平。以大数据、云计算、人工智能等技术为支撑，以智能审查和智能检索为核心，加强智能分类建设，推进专利、商标审查系统智能化建设，优化远程审查保障。完善数据资源保障，提高基础数据完整性、安全性、可靠性、适用性。

提升审查质量，适时修改专利审查指南。制定专利申请指南，完善商标审查审理标准。建立健全专利、商标审查质量保障和评价体系。加强审查业务指导体系协同，专利审查质量用户满意度指数保持在 85 以上，商标审查质量满意度保持在较高水平。

提高审查效率，发明专利审查周期压缩至15 个月以内，专利无效结案周期控制在6 个月以内。商标变更和续展首次审查周期压缩至 15 天以内，商标转让首次审查周期压缩至 1 个月以内，商标驳回复审案件平均审理周期压缩至 5.5 个月以内，商标异议审查周期进一步压缩。

（三）构建便民利民知识产权服务体系

完善知识产权公共服务体系。深化实施知识产权公共服务能力提升工程，省级公共服务机构实现全覆盖，地市级公共服务机构覆盖率力争达到50%，鼓励有条件的县（市、区）设立综合性公共服务机构。重点支持技术与创新支持中心、高校国家知识产权信息服务中心、国家知识产权信息公共服务网点有序发展。扩展TISC、高校国家知识产权信息服务中心和国家知识产权信息公共服务网点功能。支持知识产权保护中心和专利、商标审查协作中心开展公共服务，提升高校、科研机构、科技社团、公共图书馆、科技情报机构、产业园区生产力促进机构等知识产权信息公共服务能力。推广专利、商标电子证书应用。

加快知识产权保护信息平台建设。推进知识产权业务办理告知承诺制，开展承诺事项事中事后抽查。提高服务供给水平，推广应用知识产权公共服务事项清单，进一步扩大知识产权基础数据开放范围，优化系统服务功能，支持建设世界一流知识产权数据库和地方特色数据库，优先支持战略性新兴产业集群所在地建设知识产权公共服务平台，推动知识产权公共服务平台与行业、产业信息服务平台互联互通，提高知识产权公共服务可及性和普惠性。

促进知识产权服务业健康发展。引导知识产权代理、法律、信息、咨询、运营服务向专业化和高水平发展，拓展知识产权投融资、保险、资产评估等增值服务，促进知识产权服务业新业态新模式发展。出台促进知识产权服务业高质量发展的意见，深化知识产权服务业集聚区改革创新。建设国家知识产权服务出口基地。实施知识产权代理信用评价管理，完善年度报告、经营异常名录、严重失信主体名单制度，开展信用评价并推广应用评价结果。加强对经营异常和严重违法失信行为的监管，利用新技术手段快速精准发现违法违规行为线索，提升监管效能。充分发挥知识产权服务行业协会作用，加大行业自律惩戒力度，健全行业自律机制。

（四）推进知识产权人才和文化建设

1. 加强知识产权人才队伍建设。优化知识产权人才发展环境。完善知识产权人才培养、评价激励、流动配置机制。推动论证设置知识产权专业学位相关工作，推进知识产权学科建设，支持学位授权自主审核单位依程序设置知识产权一级学科点，支持有关单位依程序设置知识产权二级学科点，研究设置知识产权硕士专业学位。推动知识产权相关专业升级和数字化改造，开发一批知识产权精品课程。鼓励支持有条件的理工科高校开设知识产权相关专业和课程。支持高校实施知识产权相关新文科研究与改革实践项目。设立一批国家知识产权人才培养基地。做好知识产权职称制度改革实施工作，完善知识产权人才评价体系。

加强知识产权专业人才队伍建设。鼓励引导地方、部门、教育机构、行业协会、学会加大对知识产权保护专业人才培训力度，完善知识产权人才分类培训体系，健全人才保障机制。加强知识产权理论研究，完善知识产权研究管理机制，强化智库建设，鼓励地方开展政策研究。加强知识产权行政执法和司法队伍人员配备和职业化专业化建设，建立有效激励行政执法和司法人员积极性的机制，确保队伍稳定和有序交流。推动知识产权刑事案件办理专业化建设，提高侦查、审查逮捕、审查起诉、审判工作效率和办案质量。在有关管理部门和企事业单位，全面推行公职律师、公司律师、法律顾问制度，促进知识产权管理和保护工作法治化，建设理论与实务联训基地。充分发挥律师等法律服务队伍作用，做好知识产权纠纷调解、案件代理、普法宣传等工作。建立健全知识产权仲裁、调解、公证、社会监督等人才的选聘、管理、激励制度。做好涉外知识产权律师培养和培训工作，加强知识产权国际化人才培养。加强知识产权保护专业人才岗位锻炼，充分发挥各类人才在维权实践中的作用。

2. 加强知识产权文化建设。塑造尊重知识、崇尚创新、诚信守法、公平竞争的知识产权文化理念。加强教育引导、实践养成和制度保障，增强全社会尊重和保护知识产权的意识，培养公民自觉尊重和保护知识产权的行为习惯，自觉抵制侵权假冒行为。推动知识产权文化与法治文化、传统文化、创新文化、诚信文化深度融合，大力宣传锐意创新和诚信经营的典型企业，引导企业自觉履行尊重和保护知识产权的社会责任。开展贴近时代、贴近百姓、贴近生活的知识产权文化惠民活动。加强知识产权文化基础设施建设。探索建立“互联网+”知识产权保护云博物馆。加大对中西部地区知识产权文化建设的投入。开展知识产权文化建设理论和学术研究，以文化为媒，提升文化软实力。

构建内容新颖、形式多样、融合发展的知识产权宣传格局。围绕知识产权强国建设，统筹传统媒体与新兴媒体，用好融媒体，健全知识产权新闻发布制度。

打造传统媒体和新兴媒体融合发展的知识产权文化传播平台，拓展社交媒体、短视频、客户端等新媒体渠道。创新内容、形式和手段，加强涉外知识产权宣传，形成覆盖国内外的全媒体传播格局，打造知识产权宣传品牌。建立健全政府活动宣传、媒体传播报道、学界文章影响、国际文化交流相互促进的知识产权传播大矩阵。大力发展国家知识产权高端智库和特色智库，深化理论和政策研究，加强国际学术交流。持续做好全国知识产权宣传周、中国知识产权年会等品牌宣传活动。加强知识产权宣传教育普及和普法，深化中小学知识产权教育工作。继续开展全国大学生版权征文活动。加强对党政领导干部和国有企业负责人的知识产权宣传培训。

（五）统筹推进知识产权领域国际合作和竞争

1. 深度参与世界知识产权组织框架下全球治理工作。积极参与完善知识产权国际规则体系。加强与世界知识产权组织的合作磋商，推动完善知识产权及相关国际贸易、国际投资等国际规则和标准。推进世界知识产权组织《保护广播组织条约》《保护传统文化表现形式条约》制定进程。积极研究和参与数字领域等新领域新业态知识产权国际规则和标准的制定。加快完成我国加入《工业品外观设计国际注册海牙协定》，深入研究有关经贸协定知识产权条款。

积极推进与经贸相关的多双边知识产权谈判。妥善应对国际知识产权争端，加强与主要贸易伙伴的知识产权合作磋商。在相关谈判中合理设置知识产权议题。深入参与世界贸易组织有关知识产权谈判，积极参与世界贸易组织（WTO）与贸易有关的知识产权理事会及相关会议。积极参与世界知识产权组织、亚太经合组织等有关国际组织的知识产权国际事务，加强知识产权海关保护磋商谈判与交流。研究推动与更多国家和地区开展地理标志协定谈判。继续参与做好新冠肺炎疫苗和治疗药物有关知识产权豁免谈判磋商。

2. 统筹知识产权国际合作竞争。提升知识产权国际合作水平。加强知识产权国际合作机制建设。深化与共建“一带一路”国家和地区知识产权务实合作，打造高层次合作平台，推进信息、数据资源项目合作，向共建“一带一路”国家和地区提供专利检索、审查、培训等多样化服务。深度参与金砖国家、中美欧日韩、中日韩、中国—东盟等小多边知识产权合作，加强与各方政策和业务规则交流，支持产业界积极参与相关合作机制。完善跨境司法协作安排，加强防范打击侵犯知识产权犯罪国际合作。优化知识产权国际合作环境。深化与国际和地区组织、重点国家和地区的知识产权合作，完善合作布局。推进与欧洲、美洲等地区的双边知识产权保护交流与合作，巩固与亚洲国家知识产权双边合作，巩固和拓展以合作共赢为核心的新型版权双边关系。加强面向周边和发展中国家的知识产权培训，支持发展中国家知识产权能力建设。加强药物及新冠病毒疫苗研发等重点领域的知识产权国际合作。与贸易对象国建立企业知识产权事务沟通协调机制。

加强知识产权保护国际合作。加强与各国知识产权审查机构合作，推动审查信息共享。强化知识产权审查业务合作，继续巩固和拓展专利审查高速路（PPH）国际合作网络，重点推动相关国家共享专利、植物新品种等审查结果。健全知识产权对外转让审查制度。引导创新主体合理利用世界知识产权组织全球服务体系等渠道，提高海外知识产权布局效率。加强涉外知识产权风险防控体系建设，完善纠纷应对指导中心网络。

（六）维护知识产权领域国家安全

加强事关国家安全的关键核心技术的自主研发和保护，依法管理涉及国家安全的知识产权对外转让行为。只有把关键核心技术掌握在自己手中，才能从根本上保障国家经济安全、科技安全和其他安全。推动创新发展，实现高水平的自立自强，都离不开知识产权保护。只有严格保护知识产权，才能有效保护我国自主研发的关键核心技术、有效突破产业瓶颈、防范化解重大风险。近年来，我国经济科技快速发展，掌握了一批核心关键技术，拥有了一批质量较高的知识产权，随着知识产权数量的增多，知识产权转让活动日益活跃，其中向国外转让知识产权的情况也逐年增多。在知识产权等技术的对外转让过程中，如果未对涉及国家安全的知识产权转让行为进行严格的审查，就有可能影响我国重要领域核心关键技术的自主发展可控性和创新发展主动性，造成国家利益和国家经济的重大损失。因此，维护知识产权安全，就要依法管理涉及国家安全的知识产权对外转让行为。要完善知识产权反垄断、公平竞争相关法律法规和政策措施，形成正当有力的制约手段，防止知识产权滥用，促进创新要素自主有序流动、高效配置。要推进我国知识产权有关法律规定域外适用，完善跨境司法协作安排。习近平指出："要完善知识产权反垄断、公平竞争相关法律法规和政策措施，形成正当有力的制约手段。"

加强海外纠纷应对指导。建立横向互联、纵向互通、央地协同、合作共享的海外知识产权纠纷应对机制，形成便捷高效的国际知识产权风险预警和应急机制，建设知识产权涉外风险防控体系，加大对我国企业海外知识产权维权援助，坚决维护自身发展利益。建立国际趋势跟踪研究基地，加强对商业秘密保护、互联网企业"走出去"等重点前沿问题的研究。提升海外知识产权信息服务能力，建立健全国外展会知识产权服务站工作机制，完善海外知识产权纠纷应对指导服务网络。鼓励保险机构开展知识产权海外侵权责任险、专利执行险、专利被侵权损失险等保险业务。积极发挥贸易投资促进机构作用，支持各类社会组织开展知识产权涉外风险防控体系建设，不断加强知识产权海外服务保障工作。截至 2021 年，海外知识产权维权援助中心地方分中心数量达到 22 个，累计指导案例 400 多个，形成高效的国际知识产权风险预警和应急机制。

三、加强组织保障

（一）全面加强党对知识产权保护工作的领导

各有关方面要按照职能分工，研究具体政策措施，协同推动知识产权保护体系建设。充分发挥国务院知识产权战略实施工作部际联席会议作用，完善工作机制，形成工作合力，确保党中央、国务院关于知识产权工作的各项决策部署落到实处。国家知识产权局要会同有关部门不断完善工作机制，加强协调指导和督促检查，明确责任分工，细化目标任务，加强宣传解读，制定年度推进计划，确保各项工作要求有效落实。各地区、各有关部门要强化责任意识，密切协调配合，结合实际进一步明确工作重点，落实好各项任务措施。相关社会组织和行业协会要积极参与规划实施，主动作为，发挥作用。

名词解释

国务院知识产权战略实施工作部际联席会议：在国务院领导下，统筹协调国家知识产权战略实施和知识产权强国建设工作。加强对国家知识产权战略实施和知识产权强国建设工作的宏观指导；研究深入实施国家知识产权战略和加强知识产权强国建设的重大方针政策，制订国家知识产权战略实施计划；指导、督促、检查有关政策措施的落实；协调解决国家知识产权战略实施和知识产权强国建设中的重大问题；完成国务院交办的其他事项。

（二）狠抓贯彻落实

地方各级党委和政府要全面贯彻党中央、国务院决策部署，落实知识产权保护属地责任，定期召开党委或政府专题会议，研究知识产权保护工作，加强体制机制建设，制定配套措施，落实人员经费。要将知识产权保护工作纳入地方党委和政府重要议事日程，定期开展评估，确保各项措施落实到位。完善中央和地方财政投入保障制度，加大对知识产权保护资金投入力度。综合运用财税、投融资等相关政策，形成多元化、多渠道的资金投入体系，突出重点，优化结构，推进规划重大工程项目落地，保障任务落实。鼓励条件成熟的地区先行先试，率先建设知识产权保护试点示范区。加强对知识产权工作的政策和资源支持。鼓励社会资本积极参与，创新投入模式和机制，充分发挥市场在资源配置中的决定性作用。

国家知识产权局会同有关部门加强对《“十四五”国家知识产权保护和运用规划》实施情况的跟踪监测，通过第三方评估等形式开展规划实施的中期评估、总结评估，总结推广典型经验做法，发现规划实施中存在的问题并研究解决对策。强化监督检查，确保任务落实，重要情况及时报告国务院。

（三）强化考核评价

建立健全考核评价制度，将知识产权保护绩效纳入地方党委和政府绩效考核和营商环境评价体系，确保各项工作要求有效落实。建立年度知识产权保护社会满意度调查制度和保护水平评估制度。完善通报约谈机制，督促各级党委和政府加大知识产权保护工作力度。地方各级政府要加大督查考核工作力度，将知识产权强国建设工作纳入督查考核范围。

国家知识产权局会同有关部门建立《知识产权强国建设纲要（2021—2035年）》实施动态调整机制，开展年度监测和定期评估总结，对工作任务落实情况开展督促检查，纳入相关工作评价，重要情况及时按程序向党中央、国务院请示报告。在对党政领导干部和国有企业领导班子考核中，注重考核知识产权相关工作成效。

（四）加强奖励激励

按照国家有关规定，对在知识产权保护工作中作出突出贡献的集体和个人给予表彰。鼓励各级政府充分利用现有奖励制度，对知识产权保护先进工作者和优秀社会参与者加强表彰。完善侵权假冒举报奖励机制，加大对举报人员的奖励力度，激发社会公众参与知识产权保护工作的积极性和主动性。

（五）加强宣传引导

各地区各部门要加强舆论引导，定期公开发布有社会影响力的典型案件，让强化知识产权保护的观念深入人心。要强化属地责任，提高舆情监测、舆论引导和舆情应对能力，有效应对知识产权相关舆情和突发事件。加强公益宣传，拓宽渠道，加大力度，开展知识产权保护进企业、进单位、进社区、进学校、进网络等活动，充分利用“4·26”世界知识产权日等重要时段，组织报刊、电视及网络新媒体等开展集中宣传，通过发布有影响力的典型案件，震慑侵权违法行为。强化知识产权保护理念的宣传引导，加大宣传普及专利、商标、地理标志保护有关专业知识的工作力度，通过经常性答疑解惑，加强正面引导。不断提高全社会特别是创新创业主体知识产权保护意识，推动形成新时代知识产权保护工作新局面。

5 稳定“三农”这个基本盘

——做好2022年全面推进乡村振兴重点工作

习近平总书记对实施乡村振兴战略明确提出了一系列重要论述。李克强总理在十三届人大五次会议上所作的《政府工作报告》中，对大力抓好农业生产，促进乡村全面振兴作出明确部署。2022年中央一号文件对此进行了系统安排，明确了重点工作任务，为做好当前和今后一个时期“三农”工作指明了方向。我们要认真学习、深入领会、抓好落实，全力稳住农业基本盘、做好“三农”工作，接续全面推进乡村振兴，确保农业稳产增产、农民稳步增收、农村稳定安宁。

一、全力抓好粮食生产和重要农产品供给

手中有粮，心中不慌。习近平总书记强调，实施乡村振兴战略，必须把确保重要农产品特别是粮食供给作为首要任务，把提高农业综合生产能力放在更加突出的位置。我国粮食连年丰产，肉蛋菜果鱼茶等产量稳居世界第一。河北省去年粮食总产765亿斤，再获丰收。但要看到，

当前外部风险挑战和不确定性明显增多，在粮食安全问题上万不可掉以轻心。

高层声音

全面实施乡村振兴战略的深度、广度、难度都不亚于脱贫攻坚，要完善政策体系、工作体系、制度体系，以更有力的举措、汇聚更强大的力量，加快农业农村现代化步伐，促进农业高质高效、乡村宜居宜业、农民富裕富足。

——2021 年 2 月 25 日，习近平在全国脱贫攻坚总结表彰大会上的讲话

要推进城乡区域协调发展，全面实施乡村振兴战略，实现巩固拓展脱贫攻坚成果同乡村振兴有效衔接，改善城乡居民生产生活条件，加强农村人居环境整治，培育文明乡风，建设美丽宜人、业兴人和的社会主义新乡村。

——2021 年 3 月 7 日，习近平参加十三届全国人大四次会议青海代表团审议时强调

全面推进乡村振兴，要立足特色资源，坚持科技兴农，因地制宜发展乡村旅游、休闲农业等新产业新业态，贯通产加销，融合农文旅，推动乡村产业发展壮大，让农民更多分享产业增值收益。

——2021 年 4 月 25 日，习近平在广西考察时强调

（一）稳定全年粮食播种面积

这是稳定粮食生产的基础。稳定 2022 年粮食生产，关键还是在于稳定粮食播种面积。要强化责任落实稳面积，地方各级党委和政府要扛起粮食安全的政治责任，实行党政同责，“米袋子”省长要负责，书记也要负责。主产区、主销区、产销平衡区都要保面积、保产量，不断提高主产区粮食综合生产能力，切实稳定和提高主销区粮食自给率，确保

产销平衡区粮食基本自给。河北省今年将实施粮食稳产专项行动，稳定面积、提高单产，加强冬春田间管理，建设强筋小麦、优质谷子、旱碱麦、富硒粮食作物示范区，开展粮食节约行动，建设一批优质粮食示范区，确保粮食总产740亿斤以上。

（二）健全农民种粮保障机制

农民是农业生产经营主体，只有从务农种粮中获得合理收益，才会安心务农、精心种粮。要稳定和加强种粮农民补贴，坚持完善最低收购价政策。按照让农民种粮有利可图、让主产区抓粮有积极性的目标要求，健全农民种粮收益保障机制。2022年适当提高稻谷、小麦最低收购价，稳定玉米、大豆生产者补贴和稻谷补贴政策，实现三大粮食作物完全成本保险和种植收入保险主产省产粮大县全覆盖。由于农业大县、粮食大县往往是财政穷县，要加大对主产区的支持力度，增加对产粮大县的奖励，支持发展农产品精深加工，支持家庭农场、农民合作社、农业产业化龙头企业多种粮、种好粮，让主产区重农抓粮有内在动力。

（三）保障“菜篮子”产品供给

保障好全国每年消费的2亿多吨畜禽产品，7亿多吨蔬菜供给，与保障好6亿多吨粮食一样，也是确保稳产保供的重要任务。要加大力度落实“菜篮子”市长负责制。继续抓好生猪生产恢复，促进产业稳定发展。稳定生猪生产长效性支持政策，稳定基础产能，防止生产大起大落。

（四）大力提升大豆和油料产能

提高大豆和油料生产供应能力，是确保稳产保供的紧迫任务。近年来我国大豆进口屡攀新高、自给率不断下降，2020年进口量超过1亿吨、自给率仅有15%。2022年国家将实施大豆和油料产能提升工程，多措并举扩种大豆，因地制宜扩种油料，依靠科技提高大豆和油料单产，加大耕地轮作补贴和产油大县奖励力度，集中支持适宜区域、重点品种、经营服务主体。河北省今年重点要建设高油酸花生标准化生产基地，开展盐碱地种植大豆示范，在浅山丘陵区重点发展核桃等木本油料，鼓励发展胡麻、油菜、油葵等规模化种植。

二、强化现代农业基础支撑

推进农业现代化是一项长期而艰巨的任务，贯穿于“三农”工作的始终。中国要强，农业必须强；做强农业，必须走现代农业的发展道路。只有用现代产业体系提升农业、用现代经营形式推进农业，才能不断发展农村生产力，促进农民稳步增收。只有提高土地产出率、资源利用率和农业劳动生产率，才能提高农业效益和竞争力，全面推进乡村振兴战略。农业现代化首先是生产过程的现代化，耕地、种子、农机是最基本的物质要素，良田、良种、良机是现代农业的关键环节。重点做好六个方面：

（一）坚决严守18亿亩耕地红线

耕地是粮食生产的命根子，是保障国家粮食安全的物质基础。我国人多地少，人均耕地面积只有1.4亩，不到世界平均水平的40%。要落实“长牙齿”的耕地保护硬措施，实施最严格的耕地保护制度，按照耕地和永久基本农田、生态保护红线、城镇开发边界的顺序，统筹划定落实三条控制线，把耕地保有量和永久基本农田保护目标任务足额带位置逐级分解下达，由中央和地方签订耕地保护目标责任书，作为刚性指标实行严格考核、一票否决、终身追责。分类明确耕地用途，严格落实耕地利用优先序，耕地主要用于粮食和棉、油、糖、蔬菜等农产品及饲草饲料生产，永久基本农田重点用于粮食生产，高标准农田原则上全部用于粮食生产。引导新发展林果业上山上坡，鼓励利用“四荒”资源，不与粮争地。落实和完善耕地占补平衡政策，建立补充耕地立项、实施、验收、管护全程监管机制，确保补充可长期稳定利用的耕地，实现补充耕地产能与所占耕地相当。强化耕地用途管制，严格管控耕地转为其他农用地。巩固提升受污染耕地安全利用水平。稳妥有序开展农村乱占耕地建房专项整治。巩固“大棚房”问题专项清理整治成果。落实工商资本流转农村土地审查审核和风险防范制度。

（二）全面加强高标准农田建设

农田必须是良田。强化耕地保护，不仅要保护数量，还要保质量。要多渠道增加投入，实施新一轮高标准农田规划，提高耕地质量。统筹规划、同步实施高效节水灌溉与高标准农田建设。2022 年加强中低产田改造，新建 1 亿亩高标准农田，发展高效节水灌溉 1500 万亩，确保累计建成 10 亿亩高标准农田、高效节水灌溉面积 4 亿亩。要新建改造一批大中型灌区，实施重点水源和重大引调水等水资源配置工程。加大大中型灌区续建配套与改造力度，在水土资源条件适宜地区规划新建一批现代化灌区，优先将大中型灌区建成高标准农田。加大黑土地保护，实施黑土地保护性耕作。积极挖掘潜力增加耕地，支持将符合条件的盐碱地等后备资源适度有序开发为耕地。河北省将加大投入，积极引入社会资本参与建设，新建高标准农田 360 万亩。

（三）强化农业科技支撑

在资源环境约束不断加剧的情况下提高农业综合生产能力，必须更多依靠科技创新这一战略支撑，加快推进农业科技进步。要大力推进种源等农业关键核心技术攻关。全面实施种业振兴行动方案。加快推进农业种质资源普查收集，强化精准鉴定评价。推进种业领域国家重大创新平台建设。启动农业生物育种重大项目。加快实施农业关键核心技术攻关工程，实行“揭榜挂帅”“部省联动”等制度。强化现代农业产业技术体系建设。开展重大品种研发与推广后补助试点。贯彻落实种子法，实行实质性派生品种制度，强化种业知识产权保护，依法严厉打击套牌侵权等违法犯罪行为。河北省将实施种业振兴行动，充分发挥23个省级创新团队作用，打造提升100个农业创新精品驿站，全面推行科技特派员制度。

（四）加快提升农机装备研发应用水平

随着农村劳动力数量下降和农业用工成本不断上涨，农机装备在农业生产中的地位作用越来越重要，已经成为直接关系到地能不能种、有没有人种的大事要事。要全面梳理短板弱项，加强农机装备工程化协同攻关，加快大马力机械、丘陵山区和设施园艺小型机械、高端智能机械研发制造并纳入国家重点研发计划予以长期稳定支持。要从农业生产实际需要出发，实施农机购置与应用补贴政策，优化补贴兑付方式，重点支持粮食烘干、履带式作业、玉米大豆带状复合种植、油菜籽收获等农机，推广大型复合智能农机，加快解决当前面临的“无合适农村可用”等难题。要加大耕地宜机化改造力度，创新适应农机作业的品牌和种植技术模式。河北省将积极争取开展农机研发制度推广应用一体化试点，创建全程机械化示范县27个。

（五）加快发展设施农业

国内外实践证明，现代设施农业可以大幅提高水土资源的产出率，能在一定程度上突破资源环境对产能的限制。要因地制宜发展现代设施蔬菜，支持农民建设塑料大棚、日光温室、连栋温室等设施。集中建设育苗工厂化设施。要积极发展现代设施养殖，鼓励发展工厂化集约养殖、立体生态养殖等新型养殖设施，推动水肥一体化、饲喂自动化、环境控制智能化等设施装备技术研发应用。在保护生态环境基础上，探索利用可开发的空闲地、废弃地发展设施农业，不断拓展农业发展空间，提高重要农产品生产供给能力。河北省设施农业面积2022年达到340万亩。

（六）有效防范应对农业重大灾害

我国是世界上遭受自然灾害影响最严重的国家之一，几乎每年每月都有可能发生自然灾害，这给农业生产和人民生活都带来了不利影响，因此灾后如何采取有效的补救措施、提高农业灾害的预测、提高应对灾害的应急管理能力就显得十分重要。要加大农业防灾减灾救灾能力建设和投入力度。修复水毁灾损农业、水利基础设施，加强沟渠疏浚以及水库、泵站建设和管护。加强防汛抗旱应急物资储备。强化农业农村、水利、气象灾害监测预警体系建设，增强极端天气应对能力。加强基层动植物疫病防控体系建设，有效防控非洲猪瘟、草地贪夜蛾等动植物重大疫病。加强外来入侵物种防控管理，做好普查监测、入境检疫、国内防控，对已传入并造成严重危害的，要"一种一策"精准治理、有效灭除。河北省将实施大中型灌区续建配套和改造、小型病险水库除险加固、水毁防洪工程应急修复，开展中小河治理，强化防汛抗旱、动物疫情防控等应急物资储备，建立区域联合联防作业服务模式。

三、坚决守住不发生规模性返贫底线

习近平总书记强调，脱贫摘帽不是终点，而是新生活、新奋斗的起点。要做好脱贫攻坚同乡村振兴有效衔接，接续推动脱贫摘帽地区乡村全面振兴，确保不发生规模性返贫。

（一）巩固脱贫攻坚成果

河北省232.3万农村建档立卡贫困人口全部脱贫，7746个贫困村全部出列，62个贫困县全部摘帽，提前1年完成"十三五"30.2万人易地搬迁任务，连续3年在国家考核中被评为"两个好"的等次。打赢脱贫攻坚战之后，一些脱贫户存在返贫致贫风险，巩固"两不愁三保障"成果仍需持续用力，产业扶贫和易地扶贫搬迁的帮扶成效还不稳定，巩固脱贫攻坚成果的任务仍然比较重。特别是受疫情多发和经济下行压力的影响，脱贫地区发展遇到很大困难。要完善落实监测帮扶机制，精准确定监测对象，将有返贫致贫风险和突发严重困难的农户纳入监测范围，简化工作流程，缩短认定时间。针对发现的因灾因病因疫等苗头性问题，及时落实社会救助、医疗保障等帮扶措施。强化监测帮扶责任落实，确保工作不留空档、政策不留空白。

（二）促进脱贫人口持续增收

2021 年全国脱贫人口收入继续保持较快增长，但收入水平目前与农民仍有一定差距。要推动脱贫地区更多依靠发展来巩固拓展脱贫攻坚成果，让脱贫群众生活更上一层楼。重点抓好三个方面：一是发挥产业增收的支撑带动作用。巩固提升脱贫地区特色产业，完善联农带农机制，提高脱贫人口家庭经营性收入。逐步提高中央财政衔接推进乡村振兴补助资金用于产业发展的比重，重点支持帮扶产业补上技术、设施、营销等短板，强化龙头带动作用，促进产业提档升级。巩固光伏扶贫工程成效，在有条件的脱贫地区发展光伏产业。二是促进就业增收。工资性收入是脱贫人口的主要收入来源。要压实就业帮扶责任，确保脱贫劳动力就业规模稳定。深化东西部劳务协作，做好省内转移就业工作。发挥以工代赈作用，具备条件的可提高劳务报酬发放比例。三是稳定转移性收入和公益性岗位收入。保持公益性岗位规模相对稳定，统筹用好乡村公益岗位，实行动态管理、有进有出，支持部门低技能、弱劳动能力脱贫群众解决收入问题。河北省把脱贫县主导产业纳入全省农业特色优势产业集群一体推进，强化项目增收、科技支撑、龙头培育、帮扶助力，叫响“燕赵家政·河北福嫂”品牌，确保脱贫劳动力就业规模稳定。

（三）加大对乡村振兴重点帮扶县和易地搬迁集中安置区支持力度

尽管脱贫地区生产生活条件有了显著改善，但总体上发展仍然面临一些瓶颈制约，仍然处在相对落后位置，脱贫县的人均 GDP 与全国平均水平还有一定差距，基础设施和服务水平相对较低，产业基础仍然比较薄弱。要加大支持力度，持续提升脱贫地区自我发展能力。一是强化国家乡村振兴重点帮扶县帮扶措施。在乡村振兴重点帮扶县实施一批补短板促发展项目。做好国家乡村振兴重点帮扶县科技特派团选派，实行产业技术顾问制度，有计划地开展教育、医疗干部人才组团式帮扶。加大对国家乡村振兴重点帮扶县信贷资金投入和保险保障力度。二是加大易地搬迁集中安置区支持力度。完善易地搬迁集中安置区配套设施和公共服务，持续加大安置区产业培育力度，开展搬迁群众就业帮扶专项行动。落实搬迁群众户籍管理、合法权益保障、社会融入等工作举措，提升安置社区治理水平。三是深化东西部协作、定点帮扶和社会力量帮扶。发挥政治优势和制度优势，完善社会帮扶大格局，深化区县、村企、学校、医院等结对帮扶，拓展帮扶领域，提高帮扶成效。四是推动脱贫地区帮扶政策落地见效。保持主要帮扶政策总体稳定，细化落实过渡期各项帮扶政策。扎实做好脱贫人口小额信贷工作。创建消费帮扶示范城市和产地示范区，发挥脱贫地区农副产品网络销售平台作用。

四、聚焦产业促进乡村发展

发展乡村产业是促进乡村振兴的根本所在。要坚持以农业农村资源为依托，以市场需求为导向，以产业融合为路径，加快发展乡村产业。

（一）持续推进农村一二三产业融合发展

产业兴旺可以提供乡村就业机会、增加农民收入，是解决农村一切问题的前提。要鼓励各地拓展农业多种功能、挖掘乡村多元价值，重点发展农产品加工、乡村休闲旅游、农村电商等产业。支持农业大县聚焦农产品加工业，引导企业到产地发展粮油加工、食品制造。推进现代农业产业园和农业产业强镇建设，培育优势特色产业集群，继续支持创建一批国家农村产业融合发展示范园。实施乡村休闲旅游提升计划。支持农民直接经营或参与经营的乡村民宿、农家乐特色村（点）发展。将符合要求的乡村休闲旅游项目纳入科普基地和中小学学农劳动实践基地范围。实施“数商兴农”工程，推进电子商务进乡村。促进农副产品直播带货规范健康发展。开展农业品种培优、品质提升、品牌打造和标准化生产提升行动，推进食用农产品承诺达标合格证制度，完善全产业链质量安全追溯体系。加快落实保障和规范农村一二三产业融合发展用地政策。河北将新增年产值超10亿元农产品加工集群13个，乡村休闲旅游接待人次达到8000万以上，综合收入达到150亿元。

（二）大力发展县域富民产业

发展壮大乡村产业，一个重要目的是让更多农民就近就业增收。近年来，越来越多的农民选择就近就业。发展县域富民产业，要从外引与内育两个方面综合施策。支持大中城市疏解产业向县域延伸，引导产业有序梯度转移。大力发展县域范围内比较优势明显、带动农业农村能力强、就业容量大的产业，推动形成“一县一业”发展格局。加强县域基层创新，强化产业链与创新链融合。加快完善县城产业服务功能，促进产业向园区集中、龙头企业做强做大。引导具备条件的中心镇发展专业化中小微企业集聚区，推动重点村发展乡村作坊、家庭工场。河北省将加快发展现代都市型农业，集中力量打造15个特色优势产业集群，实施农业产业项目突破年行动，培育壮大农业产业化龙头企业，开展系列“河北品牌”行动，省级以上区域公用品牌达到120个，行业领军企业品牌达到100个以上。

（三）加强县域商业体系建设

实施县域商业建设行动，促进农村消费扩容提质升级。加快农村物流快递网点布局，实施“快递进村”工程，鼓励发展“多站合一”的乡镇客货邮综合服务站、“一点多能”的村级寄递物流综合服务点，推进县乡村物流共同配送，促进农村客货邮融合发展。支持大型流通企业以县城和中心镇为重点下沉供应链。加快实施“互联网+”农产品出村进城工程，推动建立长期稳定的产销对接关系。推动冷链物流服务网络向农村延伸，整县推进农产品产地仓储保鲜冷链物流设施建设，促进合作联营、成网配套。支持供销合作社开展县域流通服务网络建设提升行动，建设县域集采集配中心。河北将实施“数商兴农”工程，推动农村电商基础设施数字化改造和智能化升级。

（四）促进农民就地就近就业创业

促进农民就地就近就业创业是实现乡村振兴的重要抓手，也是推进共同富裕的有效手段。做好这项工作，需要重点在以下方面着力：一是创造更多就近就业机会。落实各类农民工稳岗就业政策。发挥大中城市就业带动作用。实施县域农民工市民化质量提升行动。鼓励发展共享用工、多渠道灵活就业，规范发展新就业形态，培育发展家政服务、物流配送、养老托育等生活性服务业。二是加大对返乡创业的支持力度。推进返乡入乡创业园建设，加大农村创业人才培训力度，落实创业扶持政策，健全创业服务体系，支持农民工、大学生、退役军人等返乡入乡创业。三是大力开展适合农民工就业的技能培训和新职业新业态培训。河北省将加强与京津等地区域劳务协作，开展“春风行动”“民营企业招聘月”等就业帮扶专项活动，每市整合创建1个以上返乡创业园。

（五）推进农业农村绿色发展

农业绿色发展是实现乡村振兴的必由之路。虽然我国绿色转型取得积极进展，但仍处于起步阶段，主要依靠资源消耗的粗放经营方式没有根本改变，土壤退化和污染问题仍然突出。要加强农业面源污染综合治理，深入推进农业投入品减量化，加强畜禽粪污资源化利用，推进农膜科学使用回收，支持秸秆综合利用。实施生态保护修复重大工程，复苏河湖生态环境，加强天然林保护修复、草原休养生息。研发应用减碳增汇型农业技术，探索建立碳汇产品价值实现机制。实施生物多样性保护重大工程。强化水生生物养护，规范增殖放流。加强污染耕地治理，巩固提升受污染耕地安全利用水平，从源头保障安全优质农产品生产。河北省将加大地下水超采综合治理力度，压减地下水超采量7.4亿立方米，实现地下水采补平衡，完善农村清洁取暖长效机制，开展国土绿化行动，营造林600万亩。

五、扎实稳妥推进乡村建设

乡村建设是实施乡村振兴战略的重要任务，也是国家现代化建设的重要内容。要牢固树立农业农村优先发展政策导向，把乡村建设摆在社会主义现代化建设的重要位置，加快推进乡村全面振兴。

（一）健全乡村建设实施机制

规划是建设的蓝图，乡村建设必须坚持规划引领、有序推进。要科学规划建设乡村，坚持自下而上、村民自治、农民参与，启动乡村建设行动实施方案，因地制宜、有力有序推进。统筹县域城镇和村庄规划建设，促进县域内整体提升和均衡发展。综合考虑土地利用、产业发展、居民点布局、生态保护和历史文化传承等因素，适应村庄发展演变规律，科学布局乡村生产生活生态空间，分类推进村庄建设。保护传统村落和乡村风貌，防止盲目大拆大建，注重保留乡土味道，让乡村望得见山、看得见水、留得住乡愁。乡村建设要坚持从实际出发，充分尊重农民意愿，不能搞大跃进、一刀切，不能违背农民意愿强行推进村庄撤并。河北省将开展传统村落集中连片保护利用示范，加强传统建筑物保护修缮，保护特色民族村寨。

（二）接续实施农村人居环境整治提升五年行动

现阶段推进乡村建设，一个重要抓手就是整治提升农村人居环境。2022年，要重点抓好农村厕所革命、农村生活污水处理治理、农村生活垃圾处理三件事。要从农民实际需求出发推进农村改厕，具备条件的地方可推广水冲卫生厕所，统筹做好供水保障和污水处理；不具备条件的可建设卫生旱厕。巩固户厕问题摸排整改成果。分区分类推进农村生活污水治理，优先治理人口集中村庄，不适宜集中处理的推进小型化生态化治理和污水资源化利用。加快推进农村黑臭水体治理。推进生活垃圾源头分类减量，加强村庄有机废弃物综合处置利用设施建设，推进就地利用处理。深入实施村庄清洁行动和绿化美化行动。河北省将新建改建农村户厕70万座、新建公厕1.05万座，创建美丽庭院50万户，新建美丽乡村2000个。

政策传真

2022年，河北省推进乡村振兴暨农村人居环境整治提升行动工作会议强调：要坚持大力实施乡村全面振兴战略，加快农业农村现代化和强村富民步伐。要严格保护耕地，完善多元化粮食储备体系，抓紧抓实春季农业生产，加强菜肉蛋奶果保供稳价，扩大大豆和油料种植面积，大力发展优质小麦基地，保障粮食安全。要加大农业结构调整力度，深化农业供给侧结构性改革，做大做强设施农业、休闲农业、生态农业、节水农业、优质高效农业和现代都市型农业。要加大脱贫攻坚成果巩固拓展力度，加强脱贫人口动态监测，强化产业、就业、科技和易地扶贫搬迁后续扶持，持续增加群众收入和促进共同富裕。要加大农村改革力度，完善农村“五位一体”组织体系，培育壮大新型经营主体，推动农村综合改革，增强发展活力。

（三）扎实开展重点领域农村基础设施建设

目前，我国农村基础设施还存在不少薄弱环节，要从农民实际出发，尽力而为、量力而行，逐步补上短板弱项。今年重点抓好六件事：一是加强农村道路建设，有序推进乡镇通三级及以上等级公路、较大人口规模自然村（组）通硬化路，实施农村公路安全生命防护工程和危桥改造。扎实开展农村公路管理养护体制改革试点。稳步推进农村公路路况自动化检测。二是提升农村供水保障水平，推进农村供水工程建设改造，配套完善净化消毒设施设备。三是强化农村电力建设，深入实施农村电网巩固提升工程。四是抓好农村能源保障，推进农村光伏、生物质能等清洁能源建设。五是提高农村住房建设质量，实施农房质量安全提升工程，继续实施农村危房改造和抗震改造，完善农村房屋建设标准规范。六是推进数字乡村建设。加强农村信息基础设施建设，推进智慧农业发展。加强农民数字素养与技能培训。以数字技术赋能乡村公共服务，推动“互联网＋政务服务”向乡村延伸覆盖。拓展农业农村大数据应用场景。加快推动数字乡村标准化建设，持续开展数字乡村试点。

（四）加强基本公共服务县域统筹

我国农村基本公共服务与城镇仍然有较大差距。要加快推进以县城为重要载体的城镇化建设，加强普惠性、基础性、兜底性民生建设，推动基本公共服务供给由注重机构行政区域覆盖向注重常住人口服务覆盖转变。实施新一轮学前教育行动计划，多渠道加快农村普惠性学前教育资源建设，办好特殊教育。扎实推进城乡学校共同体建设。深入推进紧密型县域医疗卫生共同体建设，实施医保按总额付费，加强监督考核，实现结余留用、合理超支分担。推动农村基层定点医疗机构医保信息化建设，强化智能监控全覆盖，加强医疗保障基金监管。落实对特殊困难群体参加城乡居民基本医保的分类资助政策。有条件的地方可提供村卫生室运行经费补助，分类落实村医养老保障、医保等社会保障待遇。提升县级敬老院失能照护能力和乡镇敬老院集中供养水平，鼓励在有条件的村庄开展日间照料、老年食堂等服务。加强乡镇便民服务和社会工作服务，实施村级综合服务设施提升工程。健全分层分类的社会救助体系，切实保障困难农民群众基本生活。健全基层党员、干部关爱联系制度，经常探访空巢老人、留守儿童、残疾人。完善未成年人关爱保护工作网络。

六、突出实效改进乡村治理

乡村治理是国家治理的基石，是乡村振兴的重要内容，不仅关系到农村改革发展，更关乎党在农村的执政基础，影响农村社会大局稳定。习近平总书记对乡村治理工作作出一系列重要论述，强调要创新乡村治理体系，走乡村善治之路；健全自治、法治、德治相结合的乡村治理体系，让农村社会既充满活力又和谐有序；改善农民精神风貌，提高乡村社会文明程度。

（一）加强农村基层组织建设

强化县级党委抓乡促村职责，深化乡镇管理体制改革，健全乡镇党委统一指挥和统筹协调机制，加强乡镇、村集中换届后领导班子建设，全面开展农村基层干部乡村振兴主题培训。持续排查整顿软弱涣散村党组织。发挥驻村第一书记和工作队抓党建促乡村振兴作用。完善村级重要事项、重大问题经村党组织研究讨论机制，全面落实“四议两公开”制度。强化基层监督，强化对村干部的监督。健全党组织领导的自治、法治、德治相结合的乡村治理体系，推行网格化管理、数字化赋能、精细化服务。推进村委会规范化建设。深化乡村治理体系建设试点示范。开展村级议事协商创新实验。推广村级组织依法自治事项、依法协助政府工作事项等清单制，规范村级组织机构牌子和证明事项，减轻村级组织负担。

（二）加强农村精神文明建设

创新农村精神文明建设有效平台载体，依托新时代文明实践中心、县级融媒体中心等平台开展对象化分众化宣传教育，弘扬和践行社会主义核心价值观。在乡村创新开展“听党话、感党恩、跟党走”宣传教育活动。探索统筹推动城乡精神文明融合发展的具体方式，加强全国文明村镇建设。启动实施文化产业赋能乡村振兴计划。整合文化惠民活动资源，支持农民自发组织开展村歌、“村晚”、广场舞、趣味运动会等体现农耕农趣农味的文化体育活动。办好中国农民丰收节。加强农耕文化传承保护，推进非物质文化遗产和重要农业文化遗产保护利用。推广积分制等治理方式，有效发挥村规民约、家庭家教家风作用，推进农村婚俗改革试点和殡葬习俗改革，开展高价彩礼、大操大办等移风易俗重点领域突出问题专项治理。

权威访谈

国家乡村振兴局局长刘焕鑫：坚持乡村建设为农民而建。推进乡村建设要充分尊重农民意愿，农民期盼干的抓紧干，农民愿意干的带着干，农民不愿意干就先放一放、缓一缓。充分认识乡村建设的长期性、复杂性，把握好工作的时度效，坚持数量服从质量、进度服从实效，求好不求快。立足村庄基础搞建设，注重保护传统村落，保留村庄风貌、形态、肌理，留得住青山绿水，记得住乡愁。不盲目拆旧村、建新村，不超越发展阶段搞大融资、大开发、大建设，严格规范村庄撤并。

（三）切实维护农村社会平安稳定

推进更高水平的平安法治乡村建设。创建一批“枫桥式公安派出所”“枫桥式人民法庭”。常态化开展扫黑除恶斗争，持续打击“村霸”。防范黑恶势力、家族宗族势力等对农村基层政权的侵蚀和影响。依法严厉打击农村黄赌毒和侵害农村妇女儿童人身权利的违法犯罪行为。加强农村法治宣传教育。加强基层社会心理服务和危机干预，构建一站式多元化矛盾纠纷化解机制。加强农村宗教工作力量。统筹推进应急管理与乡村治理资源整合，加快推进农村应急广播主动发布终端建设，指导做好人员紧急转移避险工作。开展农村交通、消防、安全生产、自然灾害、食品药品安全等领域风险隐患排查和专项治理，依法严厉打击农村制售假冒伪劣农资、非法集资、电信诈骗等违法犯罪行为。加强农业综合行政执法能力建设。落实基层医疗卫生机构疾病预防控制责任。健全农村新冠肺炎疫情常态化防控工作体系，严格落实联防联控、群防群控措施。

七、加大政策保障和体制机制创新力度

改革是乡村振兴的重要法宝。改革开放之初，正是农村改革的伟大实践，推动我国农业生产、农民生活、农村面貌发生巨大变化，为我国社会主义现代化建设作出了重大贡献。新时代推进乡村振兴，还是要通过深化农村改革，进一步激活农村资源要素，破除制约农业农村发展的制度障碍，激发强劲内生动力。

（一）加大乡村振兴投入保障和金融服务

继续把农业农村作为一般公共预算优先保障领域，中央预算内投资进一步向农业农村倾斜，压实地方政府投入责任。稳步提高土地出让收入用于农业农村的比例。支持地方政府发行政府债券用于符合条件的乡村振兴公益性项目。提高乡村振兴领域项目储备质量。强化预算绩效管理和监督。强化乡村振兴金融服务。加大支农支小再贷款、再贴现支持力度，实施更加优惠的存款准备金政策。支持各类金融机构探索农业农村基础设施中长期信贷模式。加快农村信用社改革，稳妥化解风险。深入开展农村信用体系建设，发展农户信用贷款。积极发展农业保险和再保险。强化涉农信贷风险市场化分担和补偿，发挥好农业信贷担保作用。河北省各市（含定州、辛集市）、雄安新区土地收益用于农业农村比例达到38%。

（二）加强乡村振兴人才队伍建设

全面加强乡村人才队伍建设。没有乡村人才的振兴，乡村振兴就缺乏支撑。要着眼提高农民素质和技能，加大农民教育培训力度，提高农民科技文化素质，培育造就一支适应农业农村现代化发展要求的高素质农民队伍。落实吸引人才返乡留乡政策支持体系，打通城乡人才培养交流通道，解决好人才“引不进”“留不住”“用不好”问题，吸引各类人才投身乡村建设，推动乡村人才振兴。加快培养科技领军人才、青年科技人才和高水平创新团队。深入推行科技特派员制度。实施高素质农民培育计划、乡村产业振兴带头人培育“头雁”项目、乡村振兴青春建功行动、乡村振兴巾帼行动。落实艰苦边远地区基层事业单位公开招聘倾斜政策，对县以下基层专业技术人员开展职称评聘“定向评价、定向使用”工作，对中高级专业技术岗位实行总量控制、比例单列。优化学科专业结构，支持办好涉农高等学校和职业教育。培养乡村规划、设计、建设、管理专业人才和乡土人才。鼓励地方出台城市人才下乡服务乡村振兴的激励政策。

（三）深化农村重点领域改革

处理好农民与土地的关系是深化农村改革的主线，必须切实保障农民土地权益，更好用活乡村土地资源。要健全城乡统一的建设用地市场，积极探索实施农村集体经营性建设用地入市制度，建立公平合理的增值收益分配机制。处理好农民与土地的关系是深化农村改革的主线，必须切实保障农民土地权益，更好地用活乡村土地资源。要健全城乡统一的建设用地市场，积极探索实施农村集体经营性建设用地入市制度，建立公平合理的增值收益分配机制。要开展第二轮土地承包到期后再延长 30 年整县试点。农村集体产权制度改革对于探索农村集体所有制有效实现形式、创新农村集体经济运行机制、增强集体经济发展活力、引领农民逐步实现共同富裕具有深远历史意义。要巩固提升农村集体产权制度改革成果，探索建立农村集体资产监督管理服务体系，探索新型农村集体经济发展路径。稳妥有序地推进农村集体经营性建设用地入市。推动开展集体经营性建设用地使用权抵押融资。深化集体林权制度改革。开展农村产权流转交易市场规范化建设试点。制定新阶段深化农村改革实施方案。河北省将推广“龙头企业+合作社+基地+农户”模式，省级农民合作社示范社和示范家庭农场分别达到1600家、1700家，农业生产托管服务面积达到2.25亿亩次。

6 把“蛋糕”做大做好、切好分好

——正确认识和把握实现共同富裕的战略目标和实践途径

习近平总书记在2021年底召开的中央经济工作会议上强调，要正确认识和把握实现共同富裕的战略目标和实践途径，这进一步丰富和发展了我们党对共同富裕的规律性认识，为我们扎实推动共同富裕提供了根本遵循和行动指南。我们必须深刻理解共同富裕的丰富内涵，正确认识共同富裕的战略目标，不断推动共同富裕取得新成效，为全面建设社会主义现代化国家奠定坚实基础。

政策传真

2021年底，中央经济工作会议强调：要正确认识和把握实现共同富裕的战略目标和实践途径。在我国社会主义制度下，既要不断解放和发展社会生产力，不断创造和积累社会财富，又要防止两极分化。实现共同富裕目标，首先要通过全国人民共同奋斗把“蛋糕”做大做好，然后通过合理的制度安排把“蛋糕”切好分好。这是一个长期的历史过程，要稳步朝着这个目标迈进。要在推动高质量发展中强化就业优先导向，提高经济增长的就业带动力。要发挥分配的功能和作用，坚持按劳分配为主体，完善按要素分配政策，加大税收、社保、转移支付等的调节力度。支持有意愿有能力的企业和社会群体积极参与公益慈善事业。要坚持尽力而为、量力而行，完善公共服务政策制度体系，在教育、医疗、养老、住房等人民群众最关心的领域精准提供基本公共服务。

一、深刻理解共同富裕的丰富内涵

共同富裕是社会主义的本质要求，是中国式现代化的重要特征。扎实推进共同富裕，是我们必须答好的一份历史答卷，需要深刻理解和把握共同富裕的丰富内涵，沿着习近平总书记指引的方向一步一印、接续奋斗，让人民群众真真切切感受到共同富裕是看得见、摸得着、真实可感的事实，不断夯实中国共产党长期执政基础。

高层声音

共同富裕是社会主义的本质要求，是中国式现代化的重要特征。我们说的共同富裕是全体人民共同富裕，是人民群众物质生活和精神生活都富裕，不是少数人的富裕，也不是整齐划一的平均主义。

坚持以人民为中心的发展思想，在高质量发展中促进共同富裕，正确处理效率和公平的关系，构建初次分配、再分配、三次分配协调配套的基础性制度安排，加大税收、社保、转移支付等调节力度并提高精准性，扩大中等收入群体比重，增加低收入群体收入，合理调节高收入，取缔非法收入，形成中间大、两头小的橄榄型分配结构，促进社会公平正义，促进人的全面发展，使全体人民朝着共同富裕目标扎实迈进。

——习近平总书记2021年8月17日在中央财经委员会第十次会议上的讲话

（一）就主体的全民性而言，共同富裕是“全民共富”

从共同富裕的覆盖范围来看，共同富裕不是少数人的富裕，也不是一部分地区的富裕，而是全体人民的共同富裕，全体人民都能共享发展成果，过上幸福美好的生活。贫富差距、两极分化都不符合共同富裕的本质要求。习近平总书记始终心系百姓、情系人民，多次强调“把促进全体人民共同富裕摆在更加重要的位置”“全体人民共同富裕是一个总体概念，是对全社会而言的”等。总书记每当讲到共同富裕的时候，都要加上“全体人民”这四个字，强调“全体人民共同富裕”。因此，扎实推动共同富裕的着眼点、出发点、落脚点必须是“全体人民”，包括每个人、每个地区、每个民族。

（二）就目标的多元性而言，共同富裕是“全面共富”

全面共富就是人民群众物质生活和精神生活都富裕，既包含物质层面的生活富裕，也包含人本身的发展和精神的富足；既要“口袋富”，又要“脑袋富”，两者相辅相成，缺一不可。这就要求我们把发展的目的回归到人本身，更加注重智力、健康、道德、品质、个性等全方位的发展，更加注重发挥人的创造性和才华的施展，以人的全面发展和进步来衡量发展，最终实现家家“仓廪实衣食足”、人人“知礼节明荣辱”。

（三）就路径的开创性而言，共同富裕是“共建共富”

幸福生活都是奋斗出来的，共同富裕要靠勤劳智慧来创造。实现共同富裕，首先要通过全国人民共同奋斗把“蛋糕”做大做好，然后通过合理的制度安排把“蛋糕”切好分好。主张“等、靠、要”的想法，“劫富济贫、平均主义”的想法，“躺平、当咸鱼”的想法，都与共同富裕的理念格格不入。实现共同富裕，需要全体人民通过辛勤劳动、创新创业实现增收致富，需要公有制经济和非公有制经济共同成长，不断在发展中保障和改善民生。只有人人奋斗、人人参与，才能人人享有、人人幸福。

（四）就任务的阶段性而言，共同富裕是“逐步共富”

实现全体人民共同富裕，是一项长期而且艰巨的任务，需要一个逐步推进的过程，不可能“一口气吃个胖子”。共同富裕不是整齐划一的平均主义，不是所有人都同时富裕，也不是所有地区同时达到一个富裕水准，更不是全体人民在共同富裕的道路上“齐步走”。要充分估计实现共同富裕的长期性、艰巨性和复杂性，立足当前、着眼长远，统筹考虑需要和可能，按照经济社会发展规律循序渐进，脚踏实地、久久为功，不吊高胃口、不搞“过头事”，尽力而为、量力而行，使共同富裕与经济发展阶段相适应、与现代化建设进程相协调，不断形成推动共同富裕的阶段性标志性成果。

二、正确认识共同富裕的战略目标

共同富裕是我们党矢志不渝的奋斗目标。中国共产党人的初心和使命，就是为中国人民谋幸福、为中华民族谋复兴。我们党自成立之日起，就把共同富裕写在了党的旗帜上，并为之不懈奋斗。

共同富裕是一个长远目标，也是一项长期艰巨任务。通过全党全国各族人民的共同努力，在中华大地上全面建成了小康社会，第一个百年奋斗目标顺利实现。今天的中国，经济总量突破110万亿元，人均国民总收入超过1.2万美元，处于中等偏上收入经济体行列，正在向高收入国家迈进；建成了世界上规模最大的社会保障体系；文化事业和文化产业繁荣发展，人民文化需求不断得到满足，等等。这些伟大成就，为我们在新征程中向共同富裕不断迈进创造了前所未有的条件。

党的十九届五中全会通过的《“十四五”规划和2035年远景目标的建议》提出：到2035年，“人的全面发展、全体人民共同富裕取得更为明显的实质性进展”；在改善人民生活品质部分突出强调了“扎实推动共同富裕”。这些提法，既实事求是、符合发展规律，又兼顾了需要和可能。工作中，要遵循鼓励勤劳创新致富、坚持基本经济制度、尽力而为量力而行、坚持循序渐进的原则，坚持系统思维，加强前瞻性思考、全局性谋划、整体性推进，正确处理总体安排与阶段性部署的关系、“做大蛋糕”与“分好蛋糕”的关系、效率与公平的关系，确保阶段性目标的可及性，适时调整政策目标和重点，分阶段扎实推进共同富裕。

《“十四五”规划和2035年远景目标纲要》提出，“十四五”时期，民生福祉达到新水平，分配结构明显改善，基本公共服务均等化水平明显提高，全体人民共同富裕迈出坚实步伐。实现上述目标，要健全基本公共服务体系，提高基本公共服务均等化水平；加强普惠性、基础性、兜底性民生建设，加快健全覆盖全民、统筹城乡、公平统一、可持续的多层次社会保障体系；坚持居民收入增长和经济增长基本同步、劳动报酬提高和劳动生产率提高基本同步，持续提高低收入群体收入，以高校和职业院校毕业生、技能型劳动者、农民工等为重点，扩大中等收入群体；制定促进共同富裕行动纲要，支持浙江高质量发展建设共同富裕示范区，等等。

展望2035年，我国将基本实现社会主义现代化，经济实力、科技实力、综合国力将大幅跃升，经济总量和城乡居民人均收入将再迈上新的大台阶，中等收入群体显著扩大，基本公共服务实现均等化，城乡区域发展差距和居民生活水平差距显著缩小，人的全面发展、全体人民共同富裕取得更为明显的实质性进展。这些愿景的实现，需要我们在许多方面持续发力、久久为功。例如，坚持科技自立自强，通过科教兴国战略、人才强国战略、创新驱动发展战略的深入实施，加快建成科技强国；通过发展现代产业体系，建设制造强国、质量强国，不断巩固壮大实体经济根基；有序推动碳达峰、碳中和，推动生产生活方式绿色转型，加快建设美丽中国；通过提升劳动者素质、促进扩大社会性流动、完善再分配机制，多措并举扩大中等收入群体规模；等等。

到21世纪中叶，在实现2035年远景目标的基础上，我国物质文明、政治文明、精神文明、社会文明、生态文明将全面提升，全面建成富强民主文明和谐美丽的社会主义现代化强国。到那时，我国中等收入群体规模将进一步扩大，形成中间大、两头小的橄榄型分配结构，构建初次分配、再分配、三次分配协调配套的基础性制度安排，全体人民共同富裕将基本实现，我国人民将享有更加幸福安康的生活。

数据链接

恩格尔系数是居民家庭中食物支出占消费总支出的比重，也是表示生活水平高低的一个指标。2021年，我国居民恩格尔系数为29.8%，达到联合国20%—30%的富足标准。2021年，我国人均国民总收入达到1.244万美元，进入中等偏上收入国家行列，但与富裕发达国家相比差距依然很大，如同年美国、日本人均国民收入分别突破7万美元、4.48万美元。所以，从恩格尔系数和人均国民总收入来看，我国正处于全面小康社会向共同富裕社会迈进的阶段。

基尼系数是指国际上通用的、用以衡量一个国家或地区居民收入差距的常用指标。基尼系数越高，收入差距越大，国际上通常把0.4的基尼系数作为收入分配差距的警戒线。根据国家统计局数据显示，1978年中国收入基尼系数为0.317，2008年达到峰值0.491，此后见顶回落，维持在 0.46—0.47，2021 年为 0.468。2021 年高收入（前 20%）和低收入（后 20%）群体的可支配收入之比为 10.3，较 2017 年的 10.9 有所下降，但仍处较高水平区间，说明低收入群体与高收入群体之间的差距仍然较大。

根据中国人民银行调查统计司《2019 年中国城镇居民家庭资产负债情况调查》的结果，我国城镇居民家庭总资产均值为 317.9 万元，中位数为 163.0 万元，居民家庭资产的集中度较高，财富更多地集中在少数家庭，收入最高 10% 家庭总资产均值为 1511.5 万元，是收入最低 20% 家庭总资产均值 41.4 万元的 36.5 倍。国家统计局数据显示，近年来，我国城乡居民人均可支配收入比值连续 5 年缩小，由 2017 年的 2.71 下降为 2021 年的 2.50，说明 5 年来，随着国家脱贫攻坚和农业农村改革发展的深入推进，农村居民收入增速明显快于城镇居民，城乡居民相对收入差距在持续缩小。

表 6－1　　2017—2021 年城乡人均可支配收入情况

指标＼年份	2021 年	2020 年	2019 年	2018 年	2017 年
城镇居民人均可支配收入（元）	47412	43834	42359	39251	36396
农村居民人均可支配收入（元）	18931	17131	16021	14617	13432
城乡人均可支配收入比	2.50	2.56	2.64	2.69	2.71

此外，还可以通过观察居民人均可支配收入的中位数、平均值两个增速，对收入差距变化进行比较。当收入差距较大时，会出现平均值大于中位数的情况，也就是人们经常感叹的“我又拖全国人民收入的后腿了”。收入中位数更贴近普通民众的实际生活水平。因此，当中位数增速大于平均值增速时，说明收入差距在缩小，反之收入差距则呈现扩大的趋势。

鉴于国家统计局 2013 年开始公布居民人均可支配收入中位数，我们从 2014 年开始观察中位数和平均值两个口径的居民人均可支配收入增速，可以看到，2016 年以前，中位数增速大于平均值增速，收入差距在持续缩小。2016—2021 年，出现中位数增速小于平均值增速的情况，收入差距的挑战有所上升。在 2020 年新冠肺炎疫情期间，中位数增速进一步呈现出小于平均值增速的情况。这说明，受新冠肺炎疫情的冲击，收入差距问题更加突出。随着转入常态化疫情防控阶段，2021 年中位数增速小于平均值增速的趋势有所缓解，收入差距拉大的状况得到一定程度的改善。

表 6－2　　居民人均可支配收入和中位数变化情况

指标＼年份	2021 年	2020 年	2019 年	2018 年	2017 年	2016 年	2015 年	2014 年
居民人均可支配收入名义增速（%）	9.1	4.7	8.9	8.7	9.0	8.4	8.9	10.1
居民人均可支配收入中位数增速（%）	7.7	2.9	7.8	7.6	7.2	8.3	9.4	10.3
中位数增速与平均值增速差值	－1.4	－1.8	－1.1	－1.1	－1.8	－0.1	0.5	0.2

三、系统把握共同富裕的实践途径

推进共同富裕是系统工程，涉及教育、就业、医疗、养老等民生问题，涉及初次分配、再分配、三次分配，牵一发而动全身，必须坚持先立后破、稳扎稳打，统筹协调、系统推进。实现共同富裕有多种途径，可以从以下四个方面着力。

（一）全力提高发展质量效益，夯实共同富裕的物质基础

习近平总书记指出，“坚持以人民为中心，在高质量发展中促进共同富裕”。高质量发展是完整、准确、全面贯彻新发展理念的发展，是能够不断满足人民日益增长的美好生活需要的发展。“十四五”乃至更

长一段时期，推动高质量发展既是我国经济社会发展的主题，也是实现共同富裕的前提基础和必然路径。

1. 保持经济运行在合理区间。国家“十四五”规划纲要提出，到2035年人均国内生产总值达到中等发达国家水平。实现这一目标，归根结底，要保持中国经济增长在合理区间，发展还是解决中国一切问题的关键和基础。根据预测，实现2035年目标，需要在未来15年保持4.7%到4.9%的年平均增长速度。当前，世纪疫情和百年变局交织，外部环境更趋复杂严峻和不确定，国内疫情点多、面广、频发，经济发展面临多年未见的需求收缩、供给冲击、预期转弱三重压力，困难和挑战明显增多。必须正视困难，坚定信心，不断做强经济基础，增强科技创新能力，以高水平开放促进深层次改革、推动高质量发展。

2. 强化国家战略科技力量。创新是引领发展的第一动力。要抓紧制定实施科技强国行动纲要，健全社会主义市场经济条件下新型举国体制，打好关键核心技术攻坚战，提高创新链整体效能。整合优化科技资源配置，加强原创性、引领性科技攻关和基础研究，加快建设重大科技创新平台，为实现共同富裕提供强劲内生动力。提升企业技术创新能力，激励企业加大研发投入，支持产业共性基础技术研发。激发人才创新活力，完善人才评价和激励机制，优化创新创业创造生态，全方位培养、引进、用好人才，发挥好人才第一资源的作用。进一步完善科技创新体制机制，深化科技管理体制改革，健全知识产权保护运用体制，积极促进科技开放合作，推动重点领域项目、基地、人才、资金一体化配置。今年，河北将落实国家科技体制改革三年行动方案，优化科技创新生态，新增省级以上创新平台80个、国家高新技术企业800家，全省技术合同交易总额达到1200亿元，加快建设创新驱动、跨越赶超的现代化河北。

3. 提高发展的平衡性、协调性、包容性。要加快完善社会主义市场经济体制，推动发展更平衡、更协调、更包容。区域发展要更加平衡，深入实施京津冀协同发展、长江经济带发展、粤港澳大湾区建设、长三角一体化发展、黄河流域生态保护和高质量发展等区域重大战略，深入推进西部大开发、东北全面振兴、中部地区崛起、东部率先发展等区域协调发展战略，促进区域间融合互动、融通补充；健全转移支付制度，缩小区域人均财政支出差异，加大对欠发达地区的支持力度。行业发展要更加协调，加快垄断行业改革，完善反垄断体制机制，充实反垄断监管力量，强化对垄断行业和国有企业的收入分配管理，推动金融、房地产同实体经济协调发展。发展要更加包容，毫不动摇巩固和发展公有制经济，毫不动摇鼓励、支持、引导非公有制经济发展，优化民营企业发展环境，支持中小企业发展，构建大中小企业相互依存、相互促进的企业发展生态。河北省将坚决服从服务国家大局，着力实施重大国家战略，扎实推进京津冀协同发展，高标准高质量建设雄安新区，推动形成高质量发展动力源，加快建设“两翼”带动、协同发展的现代化河北。着力优化经济布局，加快建设大运河文化带、京张体育文化旅游带、太行山—燕山生态保护和绿色发展带、沿海经济崛起带、石保廊创新发展引领带、冀中南转型升级示范带，推动区域发展更趋协调。

（二）深化收入分配制度改革，多渠道增加城乡居民收入

作为社会主义市场经济体制的重要组成部分，收入分配制度改革是影响共同富裕的重要因素，关系着人民群众的切身利益和发展的稳定性。促进共同富裕，必须发挥分配的功能和作用，坚持按劳分配为主体，完善按要素分配政策，加大税收、社保、转移支付等的调节力度，使社会财富和收入的分配更加公平合理。

1. 推动实现更加充分更高质量就业。就业是最大的民生。坚持在推动高质量发展中强化就业优先导向，不断扩大就业容量，提升就业质量，提高经济增长的就业带动力。要强化就业优先政策，完善高校毕业生、退役军人、农民工等重点群体就业支持体系，支持吸纳就业能力强的企业发展，健全促进创业带动就业、多渠道灵活就业机制。健全城乡就业公共服务体系，构建常态化援企稳岗帮扶机制，加强劳动力跨区域

精准对接，强化劳动者权益保障，健全就业需求调查和失业监测预警机制。提升劳动者就业创业能力，实施职业技能提升行动和重点群体专项培训计划，统筹创新使用各类职业技能培训资金，完善培训经费税前扣除政策，建设一批公共实训基地和产教融合基地，推动劳动者通过辛勤劳动提高生活品质。2022年，河北将实施就业促进工程，开展提升就业服务质量行动，完成职业技能培训54万人次，城镇新增就业86万人，着力打造“河北福嫂·燕赵家政”等一批劳务品牌。

专家学者

就业是民生之本，更广泛的就业和创业活动是实现共同富裕之源。形成人人参与的发展环境，首要任务是实施就业优先战略和积极就业政策，将劳动力市场制度和公共就业服务良好结合，提高有能力有意愿人口的劳动参与率。

——蔡昉　中国社会科学院原副院长，中国社会科学院国家高端智库首席专家

进入共同富裕的第二阶段后，扩大中等收入群体战略和政策的核心是促进机会均等，着力提升低收入群体的人力资本，缩小不同群体之间的人力资本差距，以增效带动增长的方式缩小收入差距。

——刘世锦　全国政协经济委员会副主任，国务院发展研究中心原副主任

2. 积极扩大中等收入群体规模。中等收入群体是实现高质量发展和高水平生活良性循环的关键群体，扩大中等收入群体有利于扩大内需，为实现共同富裕奠定社会基础。实施扩大中等收入群体行动计划，推动更多低收入人群迈入中等收入行列。要提高高等教育质量，培养更多学有专长、学有所用、适应社会发展需要的毕业生，不断提高高校、职业院校毕业生就业匹配度和劳动参与率。要加大技能人才培养力度，提高技术工人工资待遇，拓宽技术工人上升通道，提高技能型人才待遇水平

和社会地位，吸引更多高素质人才加入技术工人队伍。要持续改善营商环境，减轻税费负担，提供更多市场化金融服务，帮助中小企业主和个体工商户稳定经营、持续增收。要深化户籍制度改革，解决好农业转移人口随迁子女教育等问题，让农民工在就业、医疗、教育等方面与普通市民享受同等待遇，健全农户“三权”市场化退出机制和配套政策，让农民工安心进城，稳定就业。要适当提高公务员特别是基层一线公务员及国有企事业单位基层职工工资待遇。拓宽城乡居民住房、农村土地、金融资产等各类财产性收入渠道，探索通过土地、资本等要素使用权、收益权增加低收入群体要素收入。

3. 合理调节规范高收入。在依法保护合法收入的同时，要防止两极分化、消除分配不公。要合理调节过高收入，强化税收的调节功能，完善个人所得税制度，推进扩大综合征收范围，优化税率结构，规范资本性所得管理。要积极稳妥推进房地产税立法和改革，按照立法先行、充分授权、分步推进的原则，适时推进房地产税改革试点，为房地产税全面推开总结经验、创造条件。要加大消费环节税收调节力度，研究扩大消费税征收范围，将一些高档消费行为，扩围入消费税立法的征收范围。要加强公益慈善事业规范管理，规范完善税收优惠，畅通社会各方面参与慈善和社会救助的渠道，加强对慈善组织和活动的监督管理，鼓励高收入人群和企业更多地回报社会。要清理规范不合理收入，加大对垄断行业和国有企业的收入分配管理，鼓励公平竞争，整顿收入分配秩序，清理变相增加高管收入等分配乱象。要坚决取缔非法收入，坚决遏制权钱交易，坚决打击内幕交易、操纵股市、财务造假、偷税漏税等获取非法收入行为。要保护产权和知识产权，保护合法致富。要坚决反对资本无序扩张，加强反垄断监管，促进各类资本规范健康发展。

4. 构建初次分配、再分配、三次分配协调配套的基础性制度安排。初次分配是基础，再分配是关键，三次分配是配套和辅助补充。初次分配上，要兼顾效率和公平，更加注重生产要素的公平分配，健全劳动、资本、土地、知识、技术、管理、数据等生产要素由市场评价贡献按贡献决定报酬的机制。再分配上，要充分发挥政府公平分配机制的调节作用，建立科学的公共政策体系，健全以税收、社会保障、转移支付等为主要手段的再分配调节机制，重点加强基础性、普惠性、兜底性民生保障建设，促进基本公共服务均等化。三次分配上，充分发挥社会组织、企业和个人捐赠机制的调节作用，完善捐赠免抵税的有关政策，最大限度地激发企业和个人的慈善捐赠热情，强化社会组织和行业监管，大力发展社会慈善公益事业，推动三次分配为共同富裕做出更大贡献。

高层声音

要发挥分配的功能和作用。要处理好效率和公平的关系，构建初次分配、再分配、三次分配协调配套的基础性制度安排。要坚持按劳分配为主体，提高劳动报酬在初次分配中的比重，完善按要素分配政策。要发挥再分配的调节作用，加大税收、社保、转移支付等的调节力度，提高精准性。要发挥好第三次分配作用，引导、支持有意愿有能力的企业和社会群体积极参与公益慈善事业，但不能搞道德绑架式“逼捐”。

（三）缩小城乡发展差距，促进基本公共服务均等化

当前，我国发展不平衡不充分问题仍然突出，城乡区域发展差距较大。需要强化以工补农、以城带乡，推动形成工农互促、城乡互补、协调发展、共同繁荣的新型工农城乡关系，走城乡融合发展之路，不断缩小城乡发展差距。

1. 促进农民农村共同富裕。农村是促进共同富裕任务最艰巨最繁重的地方。要巩固拓展脱贫攻坚成果，完善监测帮扶机制，对易返贫致贫人口要加强监测、及早干预，完善农村社会保障和救助制度，加大对乡村振兴重点帮扶县和易地搬迁集中安置区支持力度，对脱贫县要“扶上马、送一程”，促进脱贫人口持续增收，确保不发生规模性返贫和新的

致贫。要全面推进乡村振兴，深化农业供给侧结构性改革，加快农业产业化；重点深化农村“三块地”改革，完善农村承包地所有权、承包权、经营权分置制度，探索宅基地所有权、资格权、使用权分置实现形式，研究实施农村集体经营性建设用地入市制度，发展壮大新型农村集体经济，不断增加农民财产性收入，使更多农村居民勤劳致富。要加强农村基础设施和公共服务体系建设，完善乡村水、电、路、气、邮政通信、广播电视、物流等基础设施，增加农村教育、医疗、养老、文化等服务供给；强化乡村建设的规划引领，持续改善村容村貌和人居环境，建设美丽宜居乡村。今年，河北省将持续推进农村人居环境整治提升，新建改建农村户厕 70 万座，实现农村生活污水无害化处理全覆盖。完成 700 万农村居民生活水源江水置换，建设改造农村公路 7000 公里以上，打造省级乡村振兴示范区 15 个。

2. 促进基本公共服务均等化。促进共同富裕，就是要对低收入群体进行重点帮扶保障。坚持尽力而为、量力而行，健全基本公共服务体系，加强普惠性、基础性、兜底性民生建设，让发展成果更多更公平惠及全体人民。要缩小城乡之间、学校之间、群体之间的公共教育服务差距，推进基本公共教育均等化，增强职业技术教育适应性，提高高等教育质量，建设高素质专业化教师队伍，构建高质量教育体系；着力推进教育公平，加大普惠性人力资本投入，降低普通民众子女享受满意的教育服务的成本，切实提高低收入群众子女受教育水平。要完善养老和医疗保障体系，健全全面医保制度，推动基本医疗保险省级统筹，积极应对人口老龄化，构建居家社区机构相协调、医养康养相结合的养老服务体系，发展多层次、多支柱养老保险体系，逐步缩小职工与居民、城市与农村的筹资和保障待遇差距，逐步提高城乡居民基本养老金水平，实现老有所养、老有所为、老有所安。要完善兜底救助体系，构建以基本生活救助、专项社会救助、急难社会救助为主体，社会力量参与为补充，覆盖全面、分层分类、综合高效的社会救助格局；加快缩小社会救助的城乡标准差异，逐步提高城乡最低生活保障水平，兜住兜牢基本生活底线，真正实现弱有所扶、困有所助、难有所帮。要完善住房供应和保障体系，坚持“房子是用来住的、不是用来炒的”的定位，加快建立多主体供给、多渠道保障、租购并举的住房制度，针对新市民、低收入困难群众等重点群体，有效增加保障性住房供给；规范发展长租房市场，降低租赁住房税费负担，扩大保障性租赁住房供给，尽最大努力帮助新市民、青年人等缓解住房困难。今年，河北将推进社保扩面提质，完善工伤保险省级统筹制度，继续提高退休人员基本养老金。完成3万户特殊困难老年人家庭居家适老化改造，打造160家省级婴幼儿照护服务示范机构。持续改善居住条件，新开工棚户区改造11.7万套，筹集保障性租赁房4.5万套，实施农村危房改造3077户。

高层声音

习近平总书记在2021年12月8日中央经济工作会议上的讲话中指出，要完善公共服务政策制度体系。促进共同富裕，不能搞“福利主义”那一套。当年一些拉美国家搞民粹主义，高福利养了一批“懒人”和不劳而获者，结果国家财政不堪重负，落入“中等收入陷阱”，长期不能自拔。福利待遇上去了就下不来了，搞超出能力的“福利主义”是不可持续的，必然会带来严重的经济和政治问题！我们要坚持尽力而为、量力而行，重在提升公共服务水平，在教育、医疗、养老、住房等人民群众最关心的领域精准提供基本公共服务，兜住困难群众基本生活底线，不吊高胃口、不空头许诺。

（四）丰富人民精神文化生活，不断满足人民群众新期待

共同富裕是人民群众物质生活和精神生活都富裕，促进共同富裕既要“富口袋”，也要“富脑袋”。促进共同富裕，要着力推动物质生活富裕和精神生活富裕，强化社会主义核心价值观引领，不断满足人民群众多样化、多层次、多方面的精神文化需求，实现人的全面发展。

1. 强化社会主义核心价值观引领。广泛深入开展习近平新时代中国特色社会主义思想学习教育，着力推动理想信念教育常态化制度化，重点抓好领导干部理论武装，加强面向全社会的理论宣传普及，引导广大干部群众坚定不移听党话、跟党走。加强爱国主义、集体主义、社会主义教育，传承弘扬中华优秀传统文化，大力宣传时代楷模、道德模范、身边好人等先进模范，高质量推进文化事业新发展，为增强文化自信提供坚实支撑。开展培育文明风尚行动，深化爱国卫生运动，全面推行垃圾分类，推动志愿服务制度化、社会化、专业化，推动形成适应新时代要求的思想观念、精神面貌、文明风尚、行为规范。

2. 提升公共文化服务水平。加强优秀文化作品创作生产传播，不断推出反映时代新气象、讴歌人民新创造的文艺精品。坚持百花齐放、百家争鸣的方针，加强公共文化服务体系建设和体制机制创新，优化城乡文化资源配置，推进城乡公共文化服务体系一体建设。加强对外文化交流和多层次文明对话，不断提升中华文化影响力。实施文化产业数字化战略，不断缩小城乡之间的数字鸿沟，让人们更有效、更公平地分享公共文化服务。扩大优质文化产品供给，推动文化和旅游融合发展，打造独具魅力的中华文化旅游体验。

3. 厚植共同富裕的文化和舆论氛围。幸福生活都是奋斗出来的，共同富裕要靠勤劳智慧来创造。进一步加强舆论引导，深入宣传习近平总书记关于共同富裕的重要论述和促进共同富裕的重大意义、重大原则、目标要求、政策举措，澄清各种模糊认识，准确把握共同富裕的内在要求，防止急于求成和畏难情绪。广泛开展“勤劳创新致富”的主题宣传教育，树立以辛勤劳动为荣、以好逸恶劳为耻的价值观，摒弃“等靠要”“内卷”“躺平”思想，坚决防止落入“福利主义”养懒汉的陷阱。大力宣传各地扎实推进共同富裕的好经验好做法好成效，讴歌人民群众的伟大奋斗、伟大创造，深入宣传基层先进典型和感人事迹，为促进共同富裕营造良好舆论环境。

7 要为资本设置“红绿灯”
——正确认识和把握资本的特性和行为规律

2021 年 12 月召开的中央经济工作会议指出，“要正确认识和把握资本的特性和行为规律”“要为资本设置‘红绿灯’，依法加强对资本的有效监管，防止资本野蛮生长”。资本扩张既是经济增长的原因，也是经济增长的结果。资本在扩张过程中具有双重属性，一方面，资本追求利润最大化，可以推动人类社会向前发展；另一方面，如果没有有效的制度、规则加以约束，资本无序扩张会给社会经济带来巨大伤害。如何发挥资本的积极作用，约束和管控其无序扩张的负面效应，直接影响国家的经济安全。

一、强化反垄断与防止资本无序扩张的历程回顾

2020 年底，中央政治局会议首次明确提出“强化反垄断和防止资本无序扩张”。2021 年 10 月 18 日，中央政治局就推动我国数字经济健康发展进行第三十四次集体学习，习近平总书记提出“要健全市场准入制

度、公平竞争审查制度、公平竞争监管制度，建立全方位、多层次、立体化监管体系，实现事前事中事后全链条全领域监管”“防止平台垄断和资本无序扩张，依法查处垄断和不正当竞争行为”。期间近一年的时间，中央围绕反垄断、防止资本无序扩张作出一系列重大决策部署，并在立法、司法、执法等层面都取得了十分显著的成绩。

政策层面，一年来，强化反垄断和防止资本无序扩张作为重要议题被国家各层级反复强调。在 2020 年 12 月召开的中共中央政治局会议和中央经济工作会议上，明确强调强化反垄断和防止资本无序扩张，并将其纳入 2021 年经济工作的八项重点任务之一。从此，以互联网平台为整治重点的反垄断浪潮正式拉开序幕。2021 年《政府工作报告》指出，要强化反垄断和防止资本无序扩张，坚决维护公平竞争的市场环境。2021 年 3 月中央财经委员会第九次会议强调，要建立健全平台经济治理体系，加快健全平台经济法律法规，及时弥补规则空白和漏洞。2021 年 8 月 30 日，习近平总书记主持召开了中央全面深化改革委员会第二十一次会议，审议通过了《关于强化反垄断深入推进公平竞争政策实施的意见》，进一步对保护和促进市场公平竞争作出战略部署。《法治政府建设实施纲要（2021—2025 年）》中也明确强调，加强和改进反垄断与反不正当竞争执法，强化公平竞争审查制度刚性约束，及时清理废除妨碍统一市场和公平竞争的各种规定和做法，推动形成统一开放、竞争有序、制度完备、治理完善的高标准市场体系。

立法层面，一系列法律法规密集修订并颁布，法治体系更加严密。2021 年 2 月 7 日，国务院反垄断委员会印发《关于平台经济领域的反垄断指南》，旨在对平台经济领域具体适用反垄断法提供更加细化的规则指引，《指南》的正式出台也成为推动我国平台经济领域反垄断执法的关键节点。此后，《网络交易监督管理办法》正式施行，为网络交易主体有序规范地开展交易活动提供了更为清晰的法治保障。《禁止网络不正当竞争行为规定》公开征求意见，一些新型网络不正当竞争行为将面临更严格和细致的监管。2021 年 8 月 19 日，最高人民法院公布《关于适用〈反不正当竞争法〉若干问题的解释（征求意见稿）》，其中第25条对《反不正当竞争法》第12条“互联网专条”的兜底条款进行了进一步补充和细化，为正确审理互联网不正当竞争纠纷案件，维护公平竞争秩序提供司法指引。2021年10月23日，全国人大正式公布《反垄断法（修正草案）》并向社会征求意见。它迎来了其施行13年以来的首次大修，草案对于数字经济法发展提出的新挑战做出回应，强化了对大型数字平台的反垄断规制，重点关注了数据、算法、技术、平台规则的特殊问题，并在总则中明确“国家强化竞争政策基础地位”，从法律层面完善了公平竞争审查制度的顶层设计，《草案》还进一步加大处罚力度，对垄断行为的实施增加个人责任，可以说，本次《反垄断法》的修订是国家在立法层面对维护公平竞争的市场环境进行的整体部署，将会是推进平台经济有序健康发展的重要法律武器。

执法层面，执法力度明显加大，大型数字平台成为重点监管对象。自2020年12月至今，国家市场监管总局加强对大型数字平台的反垄断审查。2020年12月24日，依据《反垄断法》对阿里巴巴在我国境内网络零售平台服务市场滥用市场支配地位行为立案调查，并于2021年4月10日对其在我国境内网络零售平台服务市场实施的“二选一”垄断行为作出罚款182.28亿的行政处罚，创造了我国反垄断法实施以来的最大罚单；2021年7月10日，依法禁止虎牙公司与斗鱼公司合并；2021年7月24日，依法对腾讯公司作出责令解除网络音乐独家版权等处罚。2021年9月9日，工信部有关业务部门召开了“屏蔽网址链接问题行政指导会”，对有关互联网企业提出相应的合规标准，要求限期内各平台必须按标准解除屏蔽。2021年10月8日，对美团在我国境内餐饮外卖市场实施“二选一”垄断行为作出行政处罚，责令美团停止违法行为，全额退还独家合作保证金12.89亿元，并处以34.42亿元罚款。

二、设置资本“红绿灯”的必要性

中国经济经过数十年持续发展，已经积聚起巨大的资本能量。在社会主义市场经济条件下，如何发挥资本的积极作用，抑制其消极作用，是我们党面临的一个全新课题。如何引导资本稳定有序发展、健康良性运作，是必须正确认识和把握的重大理论和实践问题之一。设置“红绿灯”意在引导资本在法律法规的制度框架下积极有为。亮“红灯”是为了明确规则、划定底线，通过有形之手加以引导和规范，让资本服务于经济社会发展大局，在促进科技进步、繁荣市场经济、便利人民生活、参与国际竞争中发挥积极作用；开“绿灯”是为了充分发挥资本作为市场经济重要生产要素的积极作用。鼓励资本合规经营发展，运用法治思维、法治方式深化改革，推动有效市场和有为政府更好地结合，进一步增强投资者的可预期性和稳定性，营造好市场环境，进一步激发各类市场主体活力。

（一）从国际看，对数字平台监管常态化与执法严厉化已成为全球趋势

2020年底，中央政治局会议首次明确提出“强化反垄断和防止资本无序扩张”标志着我国对于数字经济的监管态度从之前的包容审慎转向全面监管。近年来，美国和欧盟也不约而同地掀起对数字平台的反垄断浪潮。

首先，随着平台经济的发展，资本与数据力量交叉融合，阻碍行业创新和社会公平的实现。数据、资本、劳动等生产要素的聚合，促进数据成为现实生产要素，实现价值创造。数据是平台经济领域最为重要的生产要素，数字平台利用资本优势通过收购聚集了海量数据，通过对数据的控制，在强化企业自身竞争优势的同时也削弱了传统经营者、竞争对手与初创者的优势，改变了传统的市场竞争结构垄断，从根本上破坏了市场竞争秩序。数字平台利用资本与数据的双重力量，通过跨界竞争

和跨行业合并，控制竞争对手需要依赖的基础设施，从而使杠杆作用跨行业竞争成为常态，严重阻碍了行业创新。经济高质量发展离不开市场竞争机制与创新的良性互动，当数字平台垄断导致供应侧的竞争机制遭到破坏时，创新动力势必有所减损，最终将影响消费者福利。另外，在资本与数据的双维垄断下，数字平台滥用市场力量，使大量中小企业无法进入行业参与竞争，在数字化转型背景下，越来越多的中小企业需要依赖数字平台开展生产经营活动，而一些大型数字平台通过对竞争对手实施屏蔽断链，破坏数字经济市场的正常竞争秩序，挤占基于数据要素谋求创新的中小企业的生存空间，在一定程度上影响了社会分配机制，阻碍社会公平的实现。

其次，平台的垄断与资本的无序扩张影响数据安全。数字平台凭借其对数据的收集与分析优势，将自身的资本和商业运行逻辑嵌入经济运行中，冲击了工业经济时代的监管模式及其治理体系。在国内平台竞争案例中，例如，腾讯以即时通讯为客户端基础，通过技术端口的流量，阻碍了对天猫、虾米、快手、字节跳动、飞书等不同公司的不同产品的数据开放和共享，影响数据作为生产要素的评价贡献，凸显了数字经济时代的流量竞争的法律风险。随着数字平台承担了越来越多的公共服务职能，其事实上已经具备了公共基础设施的属性。一方面，数字平台作为平台经济时代的新组织，本质上是流量入口的数据集合体，数据本身在内容上既涉及个人隐私，又关乎商业利益、国家安全和公共利益。当海量多元的数据被大型数字平台控制，则可能影响到国家经济、社会安全。另一方面，平台自身制定的平台规则也会对整个社会生活以及数字市场的运行产生影响，事实上分割了某些本应属于国家的权力空间。如果任由这种大型数字平台野蛮生长，将会对现行的社会权力结构产生冲击，给国家安全带来威胁。2021 年 7 月，国家多部门对滴滴出行进行的网络安全审查就是干预数据、资本双重无序扩张的例证。平台经济时代，破除数据垄断、维护国家安全是数字市场治理的重要目标之一，大型数字平台长期的市场力量及其产生的锁定效应，与共同富裕的长期发展目标相悖，国家加大对数字平台的监管势在必行。

最后，平台经济领域的垄断问题带来了更加复杂的监管问题，对现有法治体系提出了挑战。反垄断法的滞后性导致应对大型数字平台的监管能力不足，是全世界反垄断部门面临的共同问题，数字经济的诸多特征决定了传统反垄断分析方法具有局限性：第一，数据市场呈现出以平台、数据、算法为基本要素的三维竞争结构，改变了传统市场竞争的外在形式和内在逻辑，其通过数字技术和算法设计获得了一定的市场影响和优势地位。传统的价格中心型分析框架已难以应对目前出现的种种问题。第二，由于数字平台具有较强的网络效应、规模效应以及双边市场、动态竞争等特征，大部分细分领域的市场份额被少数数字平台占领，市场竞争格局日益固化，呈现出高度集中的态势，一些大型数字平台借助其市场力量，实施屏蔽断链、自我优待等新型垄断行为，这些行为扭曲了市场竞争秩序，也放大了互联网经济的网络效应，使平台经营者对用户与作为平台内经营者的中小企业控制进一步强化，从而加速了“赢者通吃”局面的形成。对于这些新型垄断行为，从现有的条文中也很难找到相应的规则予以规制。在平台经济时代下，为了有效应对平台垄断和平台经济发展带来的新挑战，应当重新审视平台的经济结构，对新型垄断行为和市场力量的界定、竞争损害理论进行重构。从当前不同层级的立法实践来看，国家正在努力细化和完善相关竞争法律体系，从而更好地应对数字经济时代。

（二）从国内看，为资本设置红绿灯是新时代坚持和发展社会主义市场经济的需要

社会主义市场经济是我们党的伟大创造。习近平总书记在2021年年底召开的中央经济工作会议上指出，马克思、恩格斯没有设想社会主义条件下可以搞市场经济，当然也就无法预见社会主义国家如何对待资本。列宁、斯大林虽然领导了苏联社会主义建设，但当时苏联实行的是高度集中的计划经济体制，基本上没有遇到大规模资本问题。搞社会主

义市场经济是我们党的一个伟大创造。同时，我们要认识到，社会主义市场经济不是资本主义市场经济的简单“翻版”“再版”，因为两者是建立在不同的政治和经济制度、不同社会和文化土壤上的。习近平总书记指出，既然是社会主义市场经济，就必然会产生各种形态的资本。资本主义社会的资本和社会主义社会的资本固然有很多不同，但资本都是要追逐利润的。“合天下之众者财，理天下之财者法。”我们要探索如何在社会主义市场经济条件下发挥资本的积极作用，同时有效控制资本的消极作用。近年来，由于认识不足、监管缺位，我国一些领域出现资本无序扩张，肆意操纵，牟取暴利。这就要求规范资本行为，趋利避害，既不让“资本大鳄”恣意妄为，又要发挥资本作为生产要素的功能。这是一个不容回避的重大政治和经济问题。

改革开放初期，我国有一段时间的主要任务是招商引资，由于当时缺乏资金建立企业、发展生产，过剩的劳动力雇佣不起来，经济就发展不起来，所以资本在当时成为约束我国经济发展的一个非常重要的因素。但在随后的几十年里，我国加快推动资本市场对外开放和国际化的步伐，经济总量快速攀升，创造了世界范围内经济发展的一大奇迹。改革开放 40 多年来，作为生产要素的重要组成部分，资本同劳动、土地、技术、数据等一道共同为社会主义市场经济的繁荣和发展作出了重要贡献，促进了社会生产力发展，激发了社会活力，提升了人民福祉，其积极作用必须充分肯定。如果没有改革开放和引进外资，没有动员各类社会资源的社会主义市场经济体制，我国的经济发展可能会受资金、资源的制约而进展缓慢。因此在改革开放，特别是社会主义市场经济体制建立起来后，资本对于资源配置、经济发展都起到了非常重要的作用。

如今我国全面实现了小康社会，正大步向全面建设社会主义现代化国家的第二个百年奋斗目标迈进。我国已经是全球第二大经济体、全球第一大外汇储备国，正式迈入中高收入国家行列，与此同时，我国的对内与对外投资总额与日俱增，资本市场日益壮大，再也不是改革开放初期资本短缺的时代。而且经过 40 多年的发展，我国资本存量特别是非公资本占比明显增加，资本在经济循环的各个环节都存在，包括工业资本、商业资本、金融资本以及近来产生的平台资本等多种形态。资本在发挥积极作用的同时，也表现出一些负面作用。非公有制经济迅速发展的同时，由于种种原因，一些领域也出现资本无序扩张、野蛮生长的现象，一些资本肆意突破发展规律的约束，滥用社会资源、市场资源，大量举债盲目扩张，以取得市场垄断地位或者霸主地位为目标，这不仅影响坚持中国特色社会主义方向、影响经济社会健康发展，还不利于资本自身健康发展。

伴随着资本的无序扩张，其带来的消极作用越来越多，例如，几年前发生在万科、格力等大型企业身上的资本“野蛮人”行径；因为资本的逐利本性导致在某一时期过于集中某一产业行业，产生大量低效过剩产能；更为严重的，还会在政治、经济、文化、民生等诸多方面产生消极作用。政治上，资本无序扩张影响党和政府践行以人民为中心的发展思想。资本在获取经济利益之后，对个别公职人员进行渗透，间接影响政权运行，影响践行以人民为中心的思想。经济上，资本无序扩张既影响效率，也损害公平。个别企业无序扩张导致巨大风险向社会扩散，个别平台依托垄断地位“两头吃”，侵害普通经营者和广大消费者的利益，打压中小企业创新。文化上，资本无序扩张挑战社会主义核心价值观。一些资本通过塑造“饭圈”文化攫取经济利益，使一些青少年形成扭曲的价值观。一些宣扬历史虚无主义、民族虚无主义的艺人，在资本推动下成为“网红”。民生上，资本无序扩张让老百姓背上沉重负担。某些平台垄断、教育课外培训负担过重等问题，归根到底就是资本逐利的结果。

因此，在如今中国特色社会主义新时代里，我们要坚持新发展理念，科学合理有序地利用好资本，让资本在新时代改革开放实践中发挥积极的促进作用，为其设置“红绿灯”，有效控制其消极作用。资本设置“红绿灯”，不是为了限制资本的发展，相反是为了更有效地发挥资本的正面积极作用，更规范地引导资本的健康发展和资本流向。习近平总书记在中央经济工作会议中指出，“红绿灯”适用于道路上行驶的所有交通工具，对待资本也一样，各类资本都不能横冲直撞。要防止有些资本野蛮生长。要反垄断、反暴利、反天价、反恶意炒作、反不正当竞争。要依法加强对资本的有效监管。社会主义市场经济是法治经济，资本活动要依法进行。遏制资本无序扩张，不是不要资本，而是要资本有序发展。相关法律法规不健全的要抓紧完善，已有法律法规的要严格执法监管。要支持和引导资本规范健康发展。要坚持和完善社会主义基本经济制度，毫不动摇巩固和发展公有制经济，毫不动摇鼓励、支持、引导非公有制经济发展，促进非公有制经济健康发展和非公有制经济人士健康成长。

三、认识和把握资本的特征和行为规律

资本不是单纯的“物”，而是一种社会关系。马克思主义政治经济学认为，资本既是生产资料，又是一种社会关系，代表的是一部分人占有另一部分人创造的剩余价值。资本对推动生产力有积极作用。西方的现代化，就是在资本主导下整合劳动力、土地、原材料等，形成新的生产力，资本追求利润的动力驱动生产力发展。在社会主义市场经济条件下，资本仍可以发挥类似积极作用。资本过度扩张将会带来危机，最终反噬自己。资本主义周期性经济危机的出现，就是因为生产社会化和私有制产生矛盾，资本扩张导致非理性投资和劳动者购买力不足，酿成经济危机，最终导致资本自身的湮没。资本追逐增值和扩张的动力是不随人的意志转移的。在全球资本主义时代，资本不增殖就会被淘汰，这和资本持有者是否认识到资本扩张的弊端、是否有社会责任感是没有关系的，是资本自身的客观规律。因此，必须建立一定的政治和经济制度，来引导资本趋利避害。

（一）从历史发展阶段认识和把握资本的特征和行为规律

资本不是从来就有的，作为反映人类社会一定发展阶段的经济范畴，资本具有客观性和历史性。资本对利润的追求是永恒的自然规律，在历史发展的不同阶段，资本会利用各种工具不断进行扩张，但扩张并不是无条件、无边界的，而是受限于生产领域、流通领域的种种约束。

在商业资本阶段，资本利用“信贷”工具克服了财富的地理限制。商业资本家创造了早期的信贷制度和金融体系，在此基础上把大量闲散资金积聚成为雄厚的商业资本，商业资本则通过商业贸易甚至暴力抢劫获得更多财富。

在产业资本阶段，资本利用“信用”工具克服了资本总量和价值增值的限制。通过在时间上对商品的出售和商品的货款回收进行分离，即商品在售出一段时间后才能被支付，信用随之产生。信用的本质是对社会资本的集中与再分配，从而赋予产业资本家在一定界限内支配他人资本、财产和劳动的权力，信用过度使用会导致无序竞争和生产过剩。

在金融资本阶段，随着投资银行、对冲基金、货币市场基金、债券、保险公司、结构性投资工具等的兴盛，金融资本通过银行贷款证券化实现了信用的无限扩张，这种信贷关系看上去与传统银行信贷类似，但没有传统银行的组织机构，是作为“影子银行”存在的。随着信用无限扩张，产业资本的运行逻辑逐渐被金融思维所主导，其资本扩张不再决定于产业的自身循环，而是取决于融资能力。由此，金融在实体经济之外打造出一个相对独立的虚拟经济体系。这一虚拟经济体系会因过度使用“影子银行”导致真实的经济运行被金融“架空”，从而埋下金融危机的隐患。

在资本的平台化阶段，资本利用平台公司颠覆了传统经济模式，更关注用户之间的社会连接，进行着社会关系的再生产。从根本上说，平台资本的用户思维和数据思维必将走向一种典型的垄断逻辑，最终目的是形成一个赢家通吃的寡占市场。

我国当前的资本形态演化呈现出“金融化+平台化”的特征。一是“资本的金融化”特征，即利用资本市场工具加大杠杆、扩张信用，资本从中牟利。二是“资本的平台化”特征，即以平台垄断为特征的平台经济，利用平台用户数量与产品质量、生产者数量和消费者数量相互成就的特性，快速扩张资本，形成垄断，实现“赢者通吃”。三是部分跨国经营红筹企业利用境外上市或投资进行包装，资本的金融化和平台化行为更为隐蔽，对于这类主要业务在境内但在境外上市的公司，国内监管部门的监管跨境合作相对不足。

（二）从资本的二重属性上认识和把握资本的特性和行为规律

在现代市场经济中，资本是经济运行的纽带。没有资本，企业就无法购买生产资料和劳动力，自然也就无法进行生产经营活动。但从马克思主义的立场观点方法来看，资本具有二重属性。

资本是一种生产要素，这是资本的一重属性。市场经济作为发达商品经济，一个重要特征是各种生产要素，如资本、土地、劳动力、技术等，都是通过商品交换方式来配置，因此，各种生产要素在配置过程中，都遵循市场经济的基本规律，即价值规律。资本作为一种生产要素，在生产和流通活动中同样要遵循价值规律。与其他生产要素相比，资本这种生产要素的一个重要特性是具有组合其他生产要素的纽带功能。任何一个企业，首先必须拥有资本，去购买土地、机器、劳动力等其他生产要素，才能开展生产经营活动。在这个意义上，可以说无论什么性质的企业，其生产经营活动就是围绕资本的保值增值在市场中进行活动的，这是资本的一般属性，也是资本与其他生产要素相比特殊的地方。

资本从潜在的生产要素转化为现实的生产要素，也是在企业的生产经营活动中实现的。企业有了购买行为，也就形成了市场需求、创造就业机会，通过生产活动为社会提供产品和服务。在生产领域，资本要通过技术、产品和工艺等创新，不断降低成本，增强竞争力，提升产品质量，提高经济效益。在社会主义市场经济中，要利用资本的这种特点，鼓励企业不断增加创新投入，努力走向产业链的中高端，提高企业活力和竞争力，为社会提供物美价廉的商品，满足多层次的社会需要。在流通领域，企业通过加速资本循环和周转，提高资本运行效益；不同企业之间通过直接信用或者间接信用，形成股权或债权关系，使资本走向联合，形成规模经济。在社会主义市场经济中，要利用资本这些行为特点，打通阻碍资本流通的堵点，加快资本流通速度，同时发展和规范各类有价证券市场、银行等融资等方式，为企业获取创业基金、扩大生产经营规模、形成规模经济创造条件。

资本体现一种生产关系，这是资本的另一重属性。马克思指出："资本不是一种物，而是一种以物为中介的人和人之间的社会关系。"资本在市场经济中不会抽象地存在，而是要有所有者的，所有者都是处于一定经济关系中，这种经济关系是由生产资料所有制的性质决定的，因此，资本具有生产关系的属性。在不同生产关系下，资本的运动规律存在差别。在资本主义市场经济中，资本雇佣劳动关系是基本经济关系，与之相适应的剩余价值规律是资本主义的基本经济规律，在这样的社会制度里，资本运动的根本目的是价值增值。在社会主义市场经济中，公有资本（国有资本和集体资本）占主体地位，与之相适应，以人民为中心的发展规律成为社会主义的基本经济规律，在社会主义制度里，资本运动的直接目的是价值增值，但根本目的则是满足人民需要。在我国社会主义市场经济中，存在多种所有制经济共同发展，这就不可避免地在资本的逐利性与社会主义生产根本目的之间存在一定矛盾。要把握其中的辩证法，一方面，要按照市场经济基本要求，为不同性质的资本之间创造公平的竞争环境，加强反垄断和反不正当竞争，以公正监管保障公平竞争，利用资本的逐利动力，更好地满足人民日益增长的美好生活需要；另一方面，要为资本设置"红绿灯"，依法加强对资本的有效监管，防止资本野蛮生长。

（三）从社会生产环节中资本二重性来认识和把握资本的特性和行为规律

资本的二重性指的是资本的积极性和消极性，这二者贯穿生产、分配、流通、消费等社会生产全部环节，正确认识和把握资本的行为规律要立足于发挥资本在各环节的积极性而抑制其消极性。

从生产环节看，资本的扩张具有二重性，既能促进经济增长，又会遏制经济增长的潜力。一方面，资本的扩张是提高生产力水平和促进经济增长的重要动力。由于与工业革命的孕育和爆发密切相关，资本主义制度在激发整个社会生产积极性方面具有难以替代的重要作用。导致这一现象的根本原因就是资本在利润目标驱动下的大规模和快速扩张，极大释放了整个社会的生产力。另一方面，由于资本逐利本性使然，资本在现实经济活动中的扩张往往不受行业边界束缚而呈现无序和过度扩张态势，这直接导致大量涉及基本民生行业出现了过度商品化现象，比如医疗、教育、养老等行业理应是政府发挥主导作用的公益行业类型，其功能定位是服务和满足普通居民的基本生活与发展需求，但在资本过度扩张的利益驱动下，这些行业服务人民的功能定位也异化为以提高经济效益为首要目标。长此以往，整个国家的生活与生产成本将大幅提高，居民幸福感不仅会快速下降，整个国家的可持续发展潜力也将面临巨大冲击。

从分配环节看，资本的构成具有二重性，既有助于做大“蛋糕”，又会阻碍“蛋糕”的合理划分。从物质形式上看，资本由一定数量的生产资料和劳动力构成，而从价值形式上看，资本由一定数量的不变资本和可变资本构成，前者为资本的技术构成而后者为价值构成。马克思将这种由资本技术构成决定并且能反映资本技术构成变化的资本价值构成，叫做资本有机构成。在具体生产过程中，为了追逐尽可能多的利润和在激烈的竞争中保存自己和击败对手，资本家总是竭力改进生产技术和采用新的生产设备，这使得代表技术和设备的不变资本比重以及资本有机构成呈现不断提高的趋势，生产效率和最终的产出总量也随之提高，这是做大“蛋糕”的重要途径。然而，不变资本比重的提高意味着机器对劳动力的替代效应增强，生产过程对劳动力总体需求逐渐下降，资本要素在分“蛋糕”环节的支配地位会越来越强，资本要素与劳动要素的收入份额也会逐渐拉大，最终会导致巨大的贫富差距。可见，资本有机构成的提高在做大“蛋糕”的同时，也会使“蛋糕”的份额不断向资本要素倾斜，并导致收入差距的拉大。

从流通环节看，资本的周转具有二重性，既有助于畅通加速经济体系循环，又会导致实体经济的过度虚拟化。根据马克思的资本周转理论，决定资本利润的重要因素之一是生产循环时间的长短，生产循环的时间越长，资本完成单次循环所需时间就越长，固定期限内能够实现的循环次数和得到的总利润就越低。在这种背景下，资本会通过不断扩大产业协作的空间范围、提高产业不同环节的分工程度、采用先进的生产技术和交通技术来减少生产循环时间，从而完成更多的循环次数并获得更多的利润总额。然而，从资本周转的本质看，上述手段并不能无限度地压缩生产循环时间，其根本原因在于决定生产循环时间长短的决定性因素是生产资本的构成比例：如果用来购买原料、燃料、辅助材料等劳动对象和用于购买劳动力的流动资本在全部资本中的比重大，生产循环的速度就快；反之，如果用来购置厂房、机器、设备和工具等劳动资料的固定资本比重大，生产循环的速度就慢。在这种背景下，如果资本进入了需要投入大量固定资本的实体行业，无论采取何种协作、分工模式和生产技术，相比于几乎不依赖于固定资本投入的虚拟经济行业，其在同等条件下能够完成的循环次数和得到的利润总额将小于虚拟经济行业所得。因此，资本为了更快地获得更多的利润，固然会不断采取有效措施来打破经济体系梗阻、加快经济生产循环从而降低生产循环时间。然而，固定资本对生产循环时间下降空间的限制最终会诱导资本选择“脱实向虚”的发展路径。

从消费环节看，资本的积累具有二重性，既会为新产品的消费普及提供阶层基础，又会因为降低大多数人的收入而抑制整体消费。在正常的生产过程中，由于资本家能够无偿占有劳动创造的剩余价值且不会将所有的剩余价值投入扩大再生产，这就意味着资本家很容易成为整个社会中的“先富”阶层。从历史经验和现实情况看，这部分群体对新产品的消费普及往往会起到重要的引领和示范作用，是整体消费的重要动力来源之一。然而，由于资本积累的根本目的是通过扩大再生产来攫取更多的剩余价值，在激烈的市场竞争背景下，资本家不仅会将获得的绝大部分剩余价值继续投入社会再生产过程，还会通过采用新的技术设备来提高资本有机构成，使资本对劳动力的需求以及劳动力的正常工资水平都面临巨大的下降压力。可见，虽然资本家能够通过攫取剩余价值来确保甚至大幅提高自身的消费能力，但资本积累追逐利润的根本目的和具体实现路径都决定了作为社会主要阶层的劳动者群体会陷入收入不足的困境。显然，在这种情况下，处于绝对少数的资本家的消费提升份额不足以抵消处于绝对多数的劳动者的消费下降份额，整个社会的消费规模将面临持续萎缩和长期不足的风险。

（四）从资本的多种形态中认识和把握资本的特性和行为规律

在现代市场经济中，资本有不同的存在形态。从大的类别看，有实物形态和价值形态两大类。实物形态的资本，如机器、厂房、车间、原材料、待销售商品等；价值形态的资本，如货币资本、银行资本、金融资本等。从资源优化配置的要求看，不同形态的资本之间相互联系、相互作用、交错更替，推动国民经济的良性循环。然而，在现实中要实现这种良性循环，需要把握其中的规律。在微观层面和宏观层面，不同形态资本的运动遵循不同的行为规律。

在微观层面，从事生产经营活动的企业，资本要经历购买生产要素、从事生产活动、进行产品销售三个基本环节，在这三个环节中，资本不断发生形态转化，从货币资本转化为生产资本再转化为商品资本，商品销售之后再转化为货币资本。每一个企业要保证资本良性循环，就必须让资本在不同形态上同时分布并顺次更替。企业为了提高资本的运行效率，要想方设法在资本形态更替上节约流通时间和生产时间。在社会主义市场经济中，提高生产性企业的资本运行效率，就要遵循不同资本形态交互更替的规律，在资本运动的时间和空间上创造良好条件。例如在生产环节，利用人工智能等先进生产技术，节约生产时间；在流通环节，发挥平台经济的功能，提高营销效率。中央经济工作会议提出加快形成内外联通、安全高效的物流网络，目的也是提高流通效率。

在宏观层面，实物形态资本和价值形态资本之间的转化属于不同产业、不同部门之间的问题，资本的顺畅循环客观上要求产业之间、部门之间保持协调的比例关系，这样才能使各产业、各部门生产出来的商品相互之间顺利交换出去。这种宏观比例关系，依靠价值规律很难实现稳定平衡发展，这就需要政府宏观调控发挥作用。在我国社会主义市场经济中，一方面要让市场在资源配置中起决定性作用，发挥价值规律作用；另一方面，更好地发挥政府的作用，面对市场调节中出现的产业之间、部门之间、地区之间、城乡之间的失衡问题进行调控和引导，正如中央经济工作会议提出的，要深入实施区域重大战略和区域协调发展战略，促进东、中、西和东北地区协调发展。

需要指出的是，实物形态的资本有实实在在的商品生产和商品流通活动，这是满足社会需要的基础。这其中货币和金融在国民经济有机体中如同血脉一般发挥作用。因此，在我国社会主义市场经济中，要鼓励和引导金融为实体经济服务。但在市场经济中，金融不同于金融资本，金融是经济有机体的血脉，而金融资本则可能成为吸血的工具，这是因为金融资本遵循的是“钱生钱”的资本运动规律，其特点是不通过生产活动来实现价值增值。正因为金融资本这种资本形态的特殊性，很容易导致金融领域的无序扩张和泡沫出现，进而带来金融风险甚至整个国民经济的风险。这就要求我们在社会主义市场经济中，既要发挥金融在实体经济中的血脉作用，稳步发展多层次的资本市场体系，也要监管限制金融资本大量进入虚拟经济领域，带来各种金融风险和经济风险。

此外，随着数字经济兴起，出现了很多新业态、新商业模式，相应也出现了很多新的资本形态，如互联网金融资本、平台经济资本等，这些新的资本形态，有的纯粹依托虚拟空间，有的则是实体平台和虚拟空间的结合，它们的资本特性和行为规律，亟须随着实践的发展不断深化认识。

四、发挥社会主义市场经济的制度优势，支持和引导资本规范健康发展

资本是把“双刃剑”，在不同阶段、不同领域里有不同的运行规律和特点。但随着市场经济向纵深推进，一些资本延伸出的负面效应不断凸显，资本扩张到一定程度并暴露出逐利天性，可能会突破市场机制的某些重要底线，甚至在一些领域成为经济高质量发展的巨大阻力。因此，对资本及时立规矩、强监管，是完善社会主义市场经济体制、推动高质量发展的内在要求。在社会主义市场经济中，必须通过发挥制度优势，让资本为社会主义生产的根本目的服务。要进一步探索社会主义制度与市场经济有机结合的内在规律，充分发挥党对经济工作集中统一领导的巨大政治优势和社会主义制度的显著优势，利用好、驾驭好资本的行为，克服资本行为的弊端。

一是坚持和完善社会主义基本经济制度。要让资本在社会主义市场经济中服务于社会主义生产目的，就必须发挥社会主义基本经济制度的优势。坚持和完善公有制为主体、多种所有制经济共同发展，按劳分配为主体、多种分配方式并存，社会主义市场经济体制等社会主义基本经济制度。毫不动摇巩固和发展公有制经济，这是引领资本沿着中国特色社会主义方向前进的“火车头”，对此习近平总书记反复强调：“公有制主体地位不能动摇，国有经济主导作用不能动摇。这是保证我国各族人民共享发展成果的制度性保证，也是巩固党的执政地位、坚持我国社会主义制度的重要保证。”毫不动摇鼓励、支持、引导非公有制经济发展，

优化民营经济发展环境，依法保护各类市场主体产权和合法权益，政策要一视同仁、平等对待，这是激发各类市场主体产生活力、创造社会财富的制度保障。在此基础上，要把握新发展阶段，贯彻新发展理念，加快构建以国内大循环为主体、国内国际双循环相互促进的新发展格局，推进经济高质量发展，更好地满足人民日益增长的美好生活需要。

二是在发展社会主义市场经济中利用好资本。坚持以人民为中心，把满足人民日益增长的美好生活需要作为利用资本的目标原则。改革开放实践证明，“利用好”资本不仅使满足人民需要的商品和服务越来越丰富，而且越来越物美价廉。同时，实践也表明，住房、教育、医疗等事关民生的产品过度资本化也会带来社会问题，对此我们一方面要利用资本，同时也要限制资本的无序扩张。例如，中央提出“房子是用来住的，不是用来炒的”，这就明确了住房是满足人民居住需要的，不是用来投资或投机的。为此，政府采取限购、限价等政策，确保住房的居住属性。但同时，满足住房需求也要借助市场机制。中央经济工作会议明确提出，通过形成租购并举的住房市场，来满足多样化的住房需要。中央经济工作会议还提出稳步推进电网、铁路等自然垄断行业改革，落实好外资企业国民待遇，吸引更多跨国公司投资等，都是利用好资本的重要体现。

三是在完善自觉的市场经济中驾驭好资本。党领导下的社会主义市场经济是一种“自觉的市场经济”，这种自觉性体现在国家在经济治理上不是事后治理，而是事前治理。资本主义国家在经济治理上是一种事后治理，政府扮演“消防员”的角色，在经济出现问题后，出面去“灭火”。我国的经济治理则是事前治理的理念，政府不是等着去“灭火”，而是通过探索经济发展规律，自觉利用各种规划、宏观调控手段，矫正市场中可能出现的问题，设法让市场在运行中“不起火”。例如，中央经济工作会议提出的宏观政策要稳健有效、微观政策要持续激发市场主体活力、结构政策要着力畅通国民经济循环、实施科技体制改革三年行动方案、制定实施基础研究十年规划等，都是驾驭市场和资本的重要体现。根本目的是要限制资本无序扩张，利用资本和市场满足人民日益增长的美好生活需要。

驾驭好社会主义市场经济需要把握好三个关键方面：一是必须坚持公有制主体地位不能动摇，不断做强做大做优国有企业和国有资本，这是驾驭好我国市场经济的经济基础；二是必须推动各级政府治理体系和治理能力现代化，不仅要创新宏观调控的方式和方法，还要提高对宏观经济的综合治理能力；三是必须坚持和加强党对经济工作的领导，正如习近平总书记所说的：“能不能驾驭好世界第二大经济体，能不能保持经济社会持续健康发展，从根本上讲取决于党在经济社会发展中的领导核心作用发挥得好不好。”

8 坚持节约优先，实施全面节约战略
——正确认识和把握初级产品供给保障

中央经济工作会议提出，进入新发展阶段，我国发展内外环境发生深刻变化，在世纪疫情冲击下，百年变局加速演进，外部环境更趋复杂严峻和不确定。在此背景下，会议明确提出的5个方面重大理论和实践问题，是关系党和国家事业发展全局性、战略性、前瞻性的问题，对于我们立足新发展阶段，完整、准确、全面贯彻新发展理念，加快构建新发展格局，推动高质量发展，具有重大指导意义。其中一个重要方面，就是“要正确认识和把握初级产品供给保障”。

一、确保初级产品稳定供应意义重大

对我国这样一个发展中大国来说，保障好初级产品供给是一个重大的战略性问题。初级产品指的是人们直接从自然界获得的、尚未加工过或仅经过简单加工的产品，包括农产品、能源、矿产等，是整个经济最为基础的部分。在社会生产体系中，初级产品处于社会生产的前端，为

整个经济的运行提供能源、原材料和生活必需品（食物）支撑，是社会生产的基础和前提。没有了初级产品，所谓中间产品、最终产品也就无从谈起，甚至连人类社会都难以生存。正是由于煤炭、石油在现代经济体系中的重要作用，人们亲切地把它们分别称作“工业的粮食”和“工业的血液”。

初级产品是整个国民经济中最为基础的部分，其供给状况直接关乎企业的安危兴衰、经济的稳定安全。在许多人传统印象中，初级产品技术含量有限、附加值不高，甚至一度被视作“衰落的行业”。然而，随着各国经济发展特别是新兴市场国家后发赶超，全球资源能源需求持续上升，初级产品与工业制成品的“实力对比”已经悄然发生转变。一些初级产品虽不像高新技术产品那样“光鲜”，但因总量有限、不可再生、不可替代，往往在产业链中拥有更强的影响力与话语权。当前，世纪疫情交织百年变局，国际初级产品供应的不确定性、不稳定性进一步增强。特别是 2021 年以来，部分国际大宗商品供给紧张、价格上涨，对我国经济持续稳定恢复和产业正常运转造成不小压力，也更加凸显了初级产品的稀缺性和重要性。

对我国这样一个发展中大国来说，做好初级产品供给保障意义重大，任务也十分艰巨。作为拥有 14 亿多人口的全球第二大经济体，我国总体已进入工业化后期，即使资源能源的使用效率达到国际先进水平，其消耗规模也相当大。从 2020 年我国进口的主要初级产品贸易值可知，农产品大类，包含粮食、肉类、水产品等进口 1.18 万亿元；金属矿及矿砂进口 1.25 万亿元；原油进口 1.22 万亿元，天然气进口 2315 亿元……而 2020 年全年进口货物总值为 14.23 万亿元，其中初级产品的进口占比不低。如上数据表明，我国保障初级产品供给的重任非常艰巨，加之在世纪疫情的冲击下，全球海运价格暴涨，一些国家和地区出现了供给紊乱和短缺的问题，全球供应链紧张脆弱，这给保障国内初级产品供给带来了更严峻的挑战。这再次点醒我们，初级产品供给保障是一个事关全局的战略问题。我国初级产品进口依存度已经比较高了，有的还在上升，有的初级产品对外依存度在70%甚至80%以上。初级产品供应的重大缺口有可能演变成为“灰犀牛”事件，存在巨大风险隐患，特别是粮食安全更是不容有半点闪失。这就要求我们正确认识和把握初级产品供给保障，加强战略谋划，确保供给安全，才能牢牢掌握发展主动权。

资料链接

初级产品的特性，决定了其生产和供给高度依赖于自然禀赋条件。粮食的生产离不开耕地和相应的光照、水热条件，而矿石、能源的开采更与矿脉品质和储藏条件密不可分。我国幅员辽阔、物产丰富，但被众多的人口平均之后，我国又是人均资源相对贫乏的国家，加之一些初级产品的资源禀赋并不理想，人均拥有量低于世界平均水平，需要大量进口。这一基本国情决定了我国大量进口初级产品，同时大量出口制成品的独特贸易格局。从出口角度看，在对外开放初期的1980年，我国产品出口中初级产品占50.3%，到1990年，初级产品占比就下降到25.6%，再到2020年，初级产品占比进一步下降到不足4.5%。从进口角度看，我国进口产品中初级产品所占比重1980年为34.8%，1990年曾下降到18.5%，但到2000年又上升到20.8%，到2020年又进一步上升到33.2%。从绝对值看，从1980年到2020年，我国初级产品出口从91.14亿美元增长到1156.29亿美元，增长了11.7倍；而初级产品进口则从69.59亿美元增长到6960.07亿美元，增长了97.7倍，超过5800亿美元的贸易逆差。这充分说明了我国初级产品的供给特征。初级产品进口数量的增加，使中国在国际市场上的买方地位越来越重要。2020年，中国进口铁矿石占世界各国铁矿石出口量的77.3%；2018—2019年，中国进口大豆占世界大豆出口量的57%。2020年，中国原油进口占世界各国原油出口的26.4%，从增量角度衡量，中国原油进口的增长是驱动世界原油出口增长的主要因素。受新冠肺炎疫情冲击等多重因素的影响，2020 年世界各国原油进口减少了 1.57 亿吨，而中国原油进口却逆势增长 5000 万吨。随着中国成为国际市场重要买家，完善相关机制以确保中国的买方权益、确保初级产品的稳定供应就变得越来越有必要。

保障初级产品供给并非当下的应急之策，而是我国的长期战略任务，需要有战略性安排来保障供给安全。无论是人民群众对美好生活的不断追求，在消费升级助推下对农产品需求提出更高要求；还是我国作为工业门类全球最全、工业增加值全球最高的“世界工厂”，在生产领域对原材料的需求，我们在相当一个时期内仍会是增长趋势。这是我国的基本国情和我国经济在全球经济中的位势所决定的，因此必须牢牢抓住保障初级产品供给这条经济发展的底线。

二、初级产品供应的风险逐渐显现

在供需双方长期而激烈的利益博弈中，初级产品的国际贸易已经形成了一套相对成熟的交易规则。例如，上下游企业交叉持股使经营风险内在化，供求关系以长期合约为主，依托期货市场开展套期保值和风险管理；深入细致的信息搜集与发布，生产、运输、储存和加工环节有机衔接，等等。作为一个新兴工业化国家，我国是初级产品国际市场上的后来者，尚未被既有的交易网络充分接受；再加上对既有的交易规则不够熟悉，国内企业就出现了许多“不适应”。具体表现在：由于数量众多、合作意愿低，国内企业在国际谈判中议价权偏弱，难以获得与购买量相当的优惠待遇；许多企业为了获得低价优势，甚至大量采用短期现货合同的交易方式；人才不足和金融意识缺乏导致国内企业对套期保值交易利用不充分，在价格下跌时削减库存，在价格上涨时增加库存，加剧了现货市场交易的波动。这些都使我国经济面临着来自初级产品市场的巨大潜在风险。由于铁矿石、有色金属矿、煤炭、石油等初级产品价格快速上涨，2021年国内钢铁、有色、化工等上游产品价格大幅上涨，导致工业品出厂价格指数出现了节节攀升的局面。与此同时，受市场购买力的制约，也由于下游加工企业市场集中度较低，难以把成本上涨转嫁到最终产品价格中去，居民消费价格则相对平稳。于是，出现了工业品出厂价格指数（PPI）和居民消费价格指数（CPI）相背离的现象。到2021年11月，PPI和CPI两者之间的“剪刀差”甚至达到10.6个百分点。在巨大的落差背后，隐藏着的是利益分配的严重失衡：一方面，居于产业上游的大型（冶金类）企业利润快速增长；另一方面，居于产业下游的诸多中小企业则面临原材料价格暴涨和市场销售疲软的双重挤压，企业经营压力空前加剧。不仅如此，由于煤炭价格快速上涨而火电上网电价没能及时跟进调整，发电企业出现大面积亏损。为了减少经济损失，发电企业纷纷安排“停机检修”，结果导致电力供应紧张，出现频繁的“拉闸限电”，甚至出现了“停四开三”“停五开二”的现象，严重地干扰了企业正常的生产经营秩序。初级产品供应的风险充分展现在人们的面前。

资料链接

据冶金工业规划研究院党委书记、中国钢铁工业协会副会长李新创介绍，我国部分矿产资源储量家底薄弱，矿业市场体系建设滞后，一些矿产品生产供应跟不上消费的增长速度，尤其是铁矿石、铜精矿等紧缺初级产品“大头在外”的态势没有改变。我国紧缺矿产进口量大、对外依存度高且来源相对集中。目前，铁矿、铜矿、锰矿、镍矿对外依存度均超过80%，铬矿接近100%，铝土矿对外依存度超过50%。此外，铁矿石进口集中于澳大利亚和巴西两个国家的四大矿业公司，连续多年占我国进口总量的80%以上；锰矿进口集中于南非和澳大利亚，两国进口量占比超60%；铬矿进口集中于南非一国，占比超80%。而且我国矿业企业进入国际市场较晚，矿产品交易定价机制多处于跟随阶段，定价话语权弱，尤其部分矿种受上游垄断影响，矿产品价格大幅波动，严重影响我国产业链供应链安全稳定运行。

三、加快构建新的市场运行架构和风险防控制度

面对世界百年未有之大变局，习近平总书记早在2015年就强调要牢固树立安全发展理念。党的十九届五中全会明确提出，要“把安全发展贯穿国家发展各领域和全过程，防范和化解影响我国现代化进程的各种风险，筑牢国家安全屏障”。要“确保粮食安全，保障能源和战略性矿产资源安全”。在省部级主要领导干部学习贯彻党的十九届五中全会精神专题研讨班上，习近平总书记再次强调，“如果安全这个基础不牢，发展的大厦就会地动山摇”。习近平总书记还明确提出：“要加强保障国家安全的制度性建设，借鉴其他国家经验，研究如何设置必要的‘玻璃门’，在不同阶段加不同的锁，有效处理各类涉及国家安全的问题。”上述新论述新要求，为做好初级产品供给保障工作、有效化解经济运行风险指明了方向。

正如前面指出的那样，“大量进口初级产品、出口工业制成品”的贸易格局是我国利用两个市场、两种资源，充分发挥比较优势发展经济的结果。我们要广泛参与国际分工，就必然会大量进口初级产品。因此，保障初级产品稳定供给，不是要回到“自给自足”的封闭状态，而是要在发展和安全、开放和风险控制之间建立新的平衡。这种平衡是建立在对外开放基础之上，同时又充分兼顾社会利益的；是建立在市场机

制基础之上，同时又接受政府干预的；是建立在追求“价廉物美”的经济性之上，同时又充分考虑风险承受能力的。

具体到操作层面上，就要求我们深入分析不同品种“战略性”初级产品各自的独特风险来源、市场波动对国内生产和居民生活的影响（包括影响性质和影响程度）、企业和居民对初级产品市场波动的可选应对措施，以及政府干预市场运行的门槛和可选政策工具箱等，有针对性地构建出“战略性”初级产品新的市场运行架构和风险防控制度。中央经济工作会议提出，对于资源保障，一方面，要增强国内资源生产保障能力。要加大勘查力度，实施新一轮找矿突破战略行动，提高海洋资源、矿产资源开发保护水平。要明确重要能源资源国内生产自给的战略底线，发挥国有企业支撑托底作用，加快油气等资源先进开采技术开发应用。要加强国家战略物资储备制度建设，在关键时刻发挥保底线的调节作用。要推行垃圾分类和资源化，扩大国内固体废弃物的使用，加快构建废弃物循环利用体系。另一方面，要优化海外资源保障能力。要以互利共赢的方式充分利用国际国内两个市场、两种资源，在有效防范对外投资风险的前提下，加强同有关国家的能源资源合作，扩大海外优质资源权益。要高度重视农产品供给安全问题，要把提高农业综合生产能力放在更加突出的位置，持续推进高标准农田建设，深入实施种业振兴行动，提高农机装备水平，保障种粮农民合理收益，确保口粮绝对安全、谷物基本自给，提高油料、大豆产能和自给率。

四、实施全面节约战略

中央经济工作会议强调：“要坚持节约优先，实施全面节约战略。”这是党中央审时度势提出的战略考量，是高质量发展的应有之义。要清醒地认识到，我国经济发展面临需求收缩、供给冲击、预期转弱三重压力。世纪疫情冲击下，百年变局加速演进，外部环境更趋复杂严峻和不确定。越是面临风险挑战，越要认识到实施全面节约战略的重要意义。

（一）节约粮食是保障粮食安全的重要选择

1. 粮食安全是治国理政的重要内容。“悠悠万事，吃饭为大”。国家粮食安全这根弦，任何时候都不能有丝毫松动。我国一直高度重视粮食安全的问题。特别是党的十八大以来，党中央始终把粮食安全作为治国理政的头等大事。正是因为国家对“三农”工作的高度重视，我国粮食生产连年丰收，粮食安全有着可靠保障。“十四五”时期是开启全面建设社会主义现代化国家新征程的第一个五年，也是全面推进乡村振兴、加快农业农村现代化的关键五年。开局之年，克服了重重困难和挑战，农业生产保持稳中有进，我国粮食再获丰收，产量创历史新高，达到了 13657 亿斤。

习近平总书记强调，保障好初级产品供给是一个重大战略性问题，中国人的饭碗任何时候都要牢牢端在自己手中，饭碗主要装中国粮。确保中国碗装中国粮，关键在农民、根本在耕地、出路在科技。首先，确保中国碗装中国粮，关键在农民。社会主义是干出来的，幸福是奋斗出来的。保护好农民的种粮积极性，才能让 14 亿多人口的饭碗牢牢端在我们自己手中。我国夏粮之所以能够连年丰收，种粮人的生产积极性被充分调动是一个重要方面。“十四五”期间，必须培养造就新型农民队伍，改善农业生产条件和装备水平，让农业成为有奔头的产业，让农民成为体面的职业，让农村成为安居乐业的美丽家园。其次，确保中国碗装中国粮，根本在耕地。保障国家粮食安全的根本在耕地，耕地是粮食生产的命根子。我国人多地少的基本国情，决定了我们必须把关系十几亿人吃饭大事的耕地保护好，绝不能有闪失。“十四五”规划和 2035 年远景目标纲要明确提出，建成 10.75 亿亩集中连片高标准农田。必须像保护大熊猫一样保护耕地，严守耕地红线保粮田、提高耕地质量保产能，让装满中国粮的“中国饭碗”越端越牢。最后，确保中国碗装中国粮，出路在科技。科学技术是第一生产力。确保中国碗装中国粮，必须以科技为支撑走内涵式现代农业发展道路，实现藏粮于地、藏粮于技。

从基础设施建设到机械化发展，从生物技术研发到信息技术应用，桩桩件件也都成了绘就丰收画卷的元素。要遵循农业科技规律，加强技术攻关、强化创新应用、提升装备水平，努力抢占世界农业科技竞争制高点，牢牢掌握我国农业科技发展主动权。“仓廪实，天下安。”做好“三农”工作、稳定“三农”这个基本盘，对于保持平稳健康的经济环境、国泰民安的社会环境具有特殊重要意义。

资料链接

抓好粮食生产和重要农产品供给始终是“三农”工作的头等大事。2022年中央一号文件对全力抓好粮食生产和重要农产品供给、守住保障国家粮食安全底线作出了全面部署，提出要确保2022年粮食播种面积稳定、产量保持在1.3万亿斤以上。中央一号文件强调，要落实“长牙齿”的耕地保护硬措施，严守18亿亩耕地红线。要把耕地保有量和永久基本农田保护目标任务作为刚性指标，实行严格考核、一票否决、终身追责。分类明确耕地用途，严格落实耕地利用优先序，耕地主要用于粮食和棉、油、糖、蔬菜等农产品及饲草饲料生产，永久基本农田重点用于粮食生产，高标准农田原则上全部用于粮食生产。

2. 自觉开展节约粮食、反对浪费工作。长期保持我国粮食供需平衡是一项艰巨的任务。我国需用世界7%的耕地养活占全球20%的人口，对粮食安全还是始终要有危机意识。当前形势下，世界粮食市场供应变数丛生，随着新冠肺炎疫情持续蔓延，全球粮食生产、物流、消费等多个环节受到严重冲击。由于旱灾、水灾、蝗灾和新冠肺炎疫情的原因，世界范围内的粮食安全问题值得引起警示。联合国研究报告预警，世界濒临至少50年来最严重的粮食危机。虽然从目前看来，我们的粮仓充实，但在全球疫情仍未消除的当下，更应当未雨绸缪，将自觉开展节约粮食、反对浪费工作作为确保国家粮食安全的战略选择。

联合国粮农组织统计显示，全球每年约1/3粮食被损耗和浪费，总量约每年13亿吨。据统计，我国每年浪费的粮食达到3500万吨，接近每年我国粮食总产量的6%，而浪费掉的粮食可以满足3.5亿人一年口粮的需要。中国科学院地理科学与资源研究所调研报告显示：我国餐饮业人均食物浪费量为每人每餐93克，浪费率为11.7%；而大型聚会浪费率更高，达到惊人的38%；学生盒饭有三分之一被扔掉。我国餐饮如此令人痛心的浪费现象说明，“谁知盘中餐，粒粒皆辛苦”美丽诗句蕴含的道理还没被各级政府和人民群众入脑入心。

“一粥一饭，当思来处不易；半丝半缕，恒念物力维艰。”粮食是安天下之本，是重要战略资源。不管社会如何发达，粮食安全始终是重中之重，是实现一切发展目标的根基。在生产环节落实最严格的耕地保护制度，推进粮食播种、田间管理、收购、运输和储存等全链条的节约。在消费环节，培养节约习惯，倡导文明健康消费风尚，推动餐厨垃圾的资源化利用。党的十八大以来，各地区各部门贯彻落实习近平总书记重要指示精神，采取出台相关文件、开展“光盘行动”等措施，大力整治浪费之风，“舌尖上的浪费”现象有所改观，特别是群众反映强烈的公款餐饮浪费行为得到有效遏制。对于公众来讲，尽管现在生活条件好了，但勤俭节约的传统美德还要坚持，作为新时代确保国家粮食安全的使命担当。

高层声音

中央财经委员会办公室副主任韩文秀指出，“基础不牢，地动山摇。初级产品供应的重大缺口有可能演变成为‘灰犀牛’事件，特别是粮食安全更是不容有半点闪失。”韩文秀提醒，要把提高农业综合生产能力放在更加突出的位置，做好初级产品供给保障工作，要坚持节约优先，实施全面节约战略，增强国内资源生产保障能力，加快油气等资源先进开采技术的开发应用，加快构建废弃物循环利用体系。

（二）节约资源是生态文明建设的战略基础

不可再生的物质资源是人们从事生产建设活动必不可少的物质条件。长期以来，我国经济高速增长的支撑，是过于依靠物质资源的高消耗。随着人口增长和经济社会发展，物质资源的需求量不断上升。为满足生产与社会发展日益增长的需求，必须有效地扩大物质资源的供给能力。扩大物质资源供给的基本途径归结为两条：一是增加生产；二是节约资源。增加生产终究要受到自然资源条件的限制，尤其是不可再生的物质资源的供给问题。相比之下，降低资源消耗和节约资源，则具有投资少、见效快、潜力大等多方面优势，逐渐成为满足国民经济需求日益增长的重要源泉。

党中央、国务院高度重视资源节约和高效利用。习近平总书记在十八届中央政治局第六次集体学习时的讲话中指出，节约资源是保护生态环境的根本之策。扬汤止沸不如釜底抽薪，在保护生态环境问题上尤其要确立这个观点。2021 年底在中央经济工作会议上习近平总书记又指出，要推进资源全面节约、集约、循环利用，降低单位产品能耗物耗，加快制造业技术改造，提高投入产出效率。因此，必须从资源使用这个源头抓起。

节约资源是我国的一项基本国策。节约土地、能源、淡水、矿产资源，对实现经济社会可持续发展具有重大意义。资源节约有两层含义，一是相对浪费而言，节约资源消耗绝对量；二是通过采取法律、经济、技术和行政等综合性措施，提高资源利用效率，以最少的资源消耗获得最大的经济收益和社会收益。

节约资源是保护生态环境的根本之策，是推进生态文明建设的重要动力。在开放的市场经济中，资源问题不仅是一个经济问题，更是一个关乎国家安全的战略性问题。我国很多自然资源的人均占有量都远低于世界平均水平，其中人均国土面积不足世界平均水平的1/3，人均水资源大约为世界平均水平的1/4；人均矿产资源大约占世界平均水平的1/2。我国能源对外依存度约21%，原油对外依存度近70%，天然气对外依存度超过40%。坚持节约优先的治理方针，才能从源头上扼制资源无度消耗，以合理开发和效率提升并举保证资源持续供应。

坚持节约资源和保护环境的基本国策，要正确处理人与自然的关系，倡导合理消费，力戒奢侈浪费，形成有利于资源节约和高效利用的空间格局、产业结构、生产方式、消费模式。但节约更需“开源”，因为仅仅靠“节约”是远不能满足经济社会发展的资源需求的，所以在坚持节约的同时，更要积极“开源”，大力开发利用可再生能源资源，突破资源约束，实现可持续发展。

（三）厉行节约与促进消费并行不悖

我们对于节约的理解，除了减少浪费，更多的是强调资源的高效利用。当今的节约已不同于以往的过“苦日子”，而是提倡在享受的过程中降低消耗资源，即在保证人民群众美好生活需要的前提下，减少不必要的资源消耗和浪费。要在全社会形成以节约为荣、浪费为耻的文化氛围，形成节约资源、保护环境的消费习惯。

节俭并没有否定消费的意义。消费是经济发展的目的，而节约则是让人们以更低的成本消费更多商品的有效手段，因此，扩大消费与厉行节约的目的具有一致性。扩大消费有助于促进经济增长，而厉行节约的目的是使人们做到对有限资源的合理使用，使其效用最大化。提高消费质量，优化消费结构，可以促进经济良性循环，但前提是贯彻节约原则，使消费和生产在良性循环中保持动态平衡。

生产和消费是经济运行系统的核心环节。在一般情况下，当有了可支配收入预算约束后，受收入的约束，不同偏好下的消费选择就是一种节制和调节。但无论怎样的消费选择形成的消费支出都必须适度，即量力而行。随着我国寻求高质量发展的步伐加快，以节约、理性、安全为内涵的绿色消费日益成为经济增长的新动能。据国家统计局数据，2019年消费支出对GDP增长贡献率达57.8%，消费支出占GDP的比重已连续8年上升。尤其在“双循环”新发展格局下，引导并满足社会大众消费需求是守好扩内需这一战略基点、保持经济高质量发展的关键。

践行节约理念，培养绿色消费，既要与客观资源和环境国情相适应，不铺张浪费，守住资源利用上线，减少资源浪费和污染排放，又要与社会物质生产能力相匹配，不做超前消费，以高层次的物质产品需求和生态产品需求倒逼生产方式转型，通过衣食住用行的全方位变革发掘绿色生产新动能，惠及就业和长期经济增长。要增强全民节约意识，倡导简约适度、绿色低碳的生活方式，反对奢侈浪费和过度消费，深入开展“光盘”等粮食节约行动，广泛开展创建绿色机关、绿色家庭、绿色社区、绿色出行等行动。

9 稳定大局、统筹协调、分类施策、精准拆弹

——正确认识和把握方法化解重大风险

备豫不虞，为国常道。中央经济工作会议明确提出5个方面需要正确认识和把握的重大理论和实践问题，其中一个重要方面就是“正确认识和把握防范化解重大风险”。应该看到，国际形势复杂多变，改革发展稳定任务艰巨繁重，我们面临的风险挑战前所未有。面对波谲云诡的国际形势、复杂敏感的周边环境、艰巨繁重的改革发展稳定任务，只有更好地统筹发展和安全，坚持底线思维，增强忧患意识，提高防控能力，着力防范化解重大风险，才能保持经济持续健康发展和社会大局稳定。这就要求我们正确认识和把握防范化解重大风险，有效防范应对重点领域潜在风险，更好地统筹发展和安全，守住新发展格局的安全底线，在各种可以预见和难以预见的惊涛骇浪中增强我们的生存力、竞争力、发展力、持续力，任由国际风云变幻，始终充满朝气地生存和发展下去。

一、防范化解重大风险的重大意义

（一）防范化解重大风险是对中国共产党防范风险经验的总结赓续

中国共产党诞生于逆境、成长于危局、壮大于风险，前进路上面临着各种惊涛骇浪和风险挑战。我们党始终具有强烈的忧患意识，保持居安思危的心态，不断提升敏锐洞察风险、理性认识风险、科学研判风险、有效控制风险的能力，创造了举世瞩目的伟大成就，铸就了搏击风险的斗争精神，积累了防范风险的宝贵经验。当前，我国已进入新发展阶段，面对新发展格局，风险产生的领域、风险表现的形式、风险传播的媒介和风险造成的影响都发生了重大变化，我们党防范化解风险的政治责任更加艰巨繁重。习近平总书记以史为鉴，赓续传承我们党防范风险的历史经验，把艰难坎坷的过去、日新月异的现在和光明辉煌的未来贯通起来，开阔视野、砥砺胆识、坚定意志、增长本领、沉着应对，牢牢掌握战略主动权。

（二）防范化解重大风险是对国际国内风险严峻挑战的积极回应

当前整个世界正经历百年未有之大变局，面临着前所未有的风险挑战，霸权主义、强权政治、军备竞争等传统风险不断涌现，恐怖主义、网络安全、重大传染性疾病等非传统风险积累集聚。立足国内，我国既处于可以大有作为的重要战略机遇期，也进入了“船到中流浪更急、人到半山路更陡”的关键时期，经济、政治、社会等领域面对诸多风险挑战，而且国际国内重大风险出现连锁联动，递增放大效应。习近平总书记强调，只有胸怀国内国际两个大局，建立健全国家安全制度，提高维护国家安全能力，才能营造安全和谐的发展环境。

（三）防范化解重大风险是对“以民为本”理念的深入贯彻

坚持人民利益至上，遵循“以民为本”理念，增进民生福祉，既是我们党一以贯之的根本宗旨，也是我们党一切工作的出发点和落脚点。当前国际国内诸多风险集聚积累、叠加升级，防范化解风险直接关乎经济稳健发展、社会和谐稳定、人民生活安宁、党治国理政、国家安全稳定。面对重大风险严峻挑战，如果认识不到、防范不及、应对不力，这些风险极有可能迅速传导放大、演化升级，给我国经济社会发展带来深刻影响，最终损害的必然是民生福祉，我们党积极倡导和努力谋求的民众的获得感、幸福感和安全感难以充分实现。因此，要保障民众的获得感、幸福感和安全感更加充实、更有保障、更可持续，必须积极主动地防范化解重大风险，时刻把维护总体国家安全、保障社会稳定放在心上，把人民对和谐稳定美好生活的追求落实到行动上，下好先手棋，打好主动仗，坚持底线思维，做好应对风险挑战的准备，方能使民生福祉落地生根、全面建成小康社会行稳致远、总体国家安全切实维护。

（四）防范化解重大风险是实现中华民族伟大复兴的必然选择

实现中华民族伟大复兴，寄托着人民对美好幸福生活的孜孜追求，彰显着中国共产党使命责任的自觉担当。我们党已取得彪炳史册的历史性成就，为实现中华民族伟大复兴创造了有利条件、奠定了坚实基础。实现中华民族伟大复兴的宏伟目标任务重、道路险，绝不是轻轻松松就能实现的，事业越发展前进、越接近宏伟目标，面临的重大风险就会越多，这是无法回避的挑战。习近平总书记认为，防范化解重大风险是一场具有新的历史特点的伟大斗争，要保持实事求是的精神和坚韧不拔的意志，深刻认识斗争的重要性、长期性、复杂性和艰巨性，坚持底线思维，做足做好各种准备工作，提高抵御风险的能力，减少“拦路虎”和“绊脚石”，为实现中华民族伟大复兴保驾护航。

党中央高度重视防范化解重大风险。习近平总书记多次强调、反复提醒，要求警钟长鸣。党的十八大以来，以习近平同志为核心的党中央坚持底线思维、居安思危、未雨绸缪，有效应对了一系列重大风险挑战，经受住了来自政治、经济、意识形态、自然界等方面的风险挑战考验，为党和国家兴旺发达、长治久安提供了有力保证。同时也要清醒地认识到，前进道路上仍然存在可以预料和难以预料的各种风险挑战，既有国内的也有国际的，既有政治、经济、文化、社会等领域的也有来自自然界的，既有传统的也有非传统的。这就要求我们必须始终保持高度警惕，既要高度警惕“黑天鹅”事件，也要防范“灰犀牛”事件；既要有防范风险的先手，也要有应对和化解风险挑战的高招；既要打好防范和抵御风险的有准备之战，也要打好化险为夷、转危为机的战略主动战和攻坚战。我们深信，有以习近平同志为核心的党中央坚强领导，有我国社会主义制度集中力量办大事的政治优势，有改革开放以来积累的雄厚物质技术基础，正确认识和把握防范化解重大风险，下好先手棋、打好主动仗，我们完全有信心、有条件、有能力战胜前进道路上的各种风险考验。

二、确保经济金融大局稳定意义重大

防范化解重大风险重点是防控金融风险。防范化解金融风险，是实现高质量发展必须跨越的重大关口。几年来，在党中央坚强领导下，国务院金融委按照“稳定大局、统筹协调、分类施策、精准拆弹”的基本方针推进工作，防范化解重大金融风险攻坚战取得重要阶段性成果，守住了不发生系统性金融风险的底线，有力维护了国家经济金融稳定和人民财产安全。正确认识和把握防范化解重大风险，就要夯实金融稳定的基础，处理好稳增长和防风险的关系，巩固经济恢复向好势头，以经济高质量发展化解系统性金融风险，防止在处置其他领域风险过程中引发次生金融风险。

（一）维护金融安全关系我国经济社会发展全局

习近平强调：“维护金融安全，是关系我国经济社会发展全局的一件带有战略性、根本性的大事。”这充分体现了我国对金融安全的高度重视。经过40多年改革开放，我国“金融产品日益丰富，金融服务普惠性增强，金融改革有序推进，金融体系不断完善，人民币国际化和金融双向开放取得新进展，金融监管得到改进”，防范化解金融风险的能力增强。但近年来国际形势日趋复杂，疫情全球性扩散引发新的不稳定性和不确定性，在此背景下，我国正处于转型升级关键时期，金融改革开放正在持续推进，如何防范化解金融风险的问题备受关注。

全球一体化使世界各国相互依赖程度加深，客观上增大了金融风险的挑战，包括中国在内的世界主要国家对金融安全更加重视。习近平强调：“金融安全是国家安全的重要组成部分，金融制度是经济社会发展中重要的基础性制度。”着力防范化解系统性金融风险，才能确保金融主权不受侵犯、金融制度不受冲击、金融资产价格不大幅波动、跨境资本不会大规模无序流动，最终实现金融促进实体经济发展及保障国家金融安全的目标。

全球开放背景下的金融安全，不仅需要世界各国采取有针对性的措施，而且需要进行国际金融协调。但近年美国等发达国家的不合作态度，滋生了金融风险新的不确定性因素。美国通过关税及非关税壁垒强化贸易保护主义举措、通过汇率操纵指控对其他国家货币汇率制度施压，世界主要国际储备货币发行国持续推行量化宽松货币政策，这些都对全球经济金融发展产生负向溢出效应，引发货币竞争性贬值的风险上升，全球金融面临多重挑战，促使防范金融风险问题更加迫切。从金融产业的创新到实体经济的发展，从金融资产价格的波动到宏观经济的稳定，从金融系统的运行到国际收支的平衡，都与防范化解金融风险具有深层次的内在联系，强化金融安全关系经济社会发展全局的科学判断。

（二）防范化解金融风险关系宏观稳定及实体经济发展

从经济增长来看，防范化解金融风险是促进经济增长的重要条件。习近平强调：“金融是实体经济的血脉。”缺乏高效率的金融体系，经济增长就像无源之水、无本之木。如果金融风险无法有效防范，金融资本市场配置就会受到影响，微观主体融资渠道将受到挑战，金融机构业务将无法正常开展，资本就难以有效服务实体经济发展。缺乏金融资本的支撑，项目投资无法落地，消费扩张难以得到金融的支持，企业难以进行扩大再生产，经济增长就难以持续。现代社会历次金融危机都对企业个人产生重大影响，导致经济出现大幅减速甚至陷入持久的衰退，经济增长离不开金融风险的及时防范化解。

从发展环境来看，防范化解金融风险是保持宏观稳定的重要条件。习近平强调："金融活，经济活；金融稳，经济稳。"通货膨胀归根结底是货币现象。货币金融变化可能产生通胀或者通缩的不稳定局面，如果金融风险无法有效防范，金融体系稳定运行就难以保证，宏观货币政策就较难有效传导，宏观经济可能面临物价持续上涨的通胀局面或物价持续下降的通缩局面。在此情况下，企业可能面临着利润大幅波动的挑战，微观主体难以进行长期决策，社会生产生活将受到冲击。

从对外开放来看，防范化解金融风险是深化国际金融合作的重要条件。开放的金融体系伴随着资本的跨境流动，构成对汇率等重要变量的影响，最终促使国际收支平衡出现波动。如果金融风险未能有效防范，本国的资本可能出现大规模流出的压力，汇率将由此面临贬值的巨大挑战，资本账户就可能出现大幅逆差的局面，国际收支失衡的问题突出。如果外汇储备不足以应对资本流出的需求，那么汇率将面临断崖式下跌的挑战，汇率体系可能崩溃，促使国际经济金融合作无法推进。特别是当前美欧等世界主要发达经济体货币金融政策调整，容易形成较强的负向溢效应，防范化解金融风险保障国际合作的开展就显得更加迫切。

三、习近平总书记关于防范化解重大金融风险的论述

习近平总书记强调，打好防范化解重大风险攻坚战，重点是防控金融风险。近年来，在以习近平同志为核心的党中央坚强领导下，防范化

解重大金融风险成果显著，突出风险点得到有效处置。习近平总书记关于防范化解金融风险的重要论述，作为习近平新时代中国特色社会主义经济思想的重要内容，既着眼于新时代金融改革开放新要求，又着眼于应对国际宏观新形势，为防控金融风险及保障金融安全提供了新理念、新思想、新战略。必须深刻理解习近平新时代防范化解金融风险重要论述的主要内容，才能在新的历史条件下为我国防范化解金融风险提供助力和动力。

（一）防范化解金融风险必须加强党对金融工作的领导

在习近平总书记关于防范金融风险的重要论述中，突出特点是立足国家大局观，首次从中央层面强调党对金融工作领导的原则要求，坚持党对金融工作的集中领导，这是我国防范化解金融风险的制度优势，也是保持中国金融健康稳定可持续发展的根本政治保证。

加强党对金融工作的领导要提高领导干部应对金融风险的能力。习近平总书记强调："完善党领导金融工作的体制机制，加强制度化建设，完善定期研究金融发展战略、分析金融形势、决定金融方针政策的工作机制，提高金融决策科学化水平。金融部门要按照职能分工，负起责任。地方各级党委和政府要按照党中央决策部署，做好本地区金融发展和稳定工作，做到守土有责，形成全国一盘棋的金融风险防控格局。"领导干部特别是高级干部要努力学习金融知识，熟悉金融业务，把握金融规律，既要学会用金融手段促进经济社会发展，又要学会防范和化解金融风险，强化监管意识，提高监管效率。而要实现全国一盘棋，首先是要把金融防控工作统一到党中央、国务院的金融方针政策上来，要真正把防风险放在更加重要的位置。其次，各监管部门之间要加强监管协调，避免地盘意识和监管竞争，既要防范本行业、本领域的风险，也要避免形成对其他领域的风险溢出效应。再次，各区域在防范金融风险时，既要做到守土有责，也要注重与域外风险防控的协调。最后，要建立好跨部门、跨区域的风险防控协调机制。

（二）金融的重要地位和作用决定了防范化解金融风险的重要性

只有全面重视金融的重要地位和作用，才能为我国金融发展奠定基调，并且有效防范化解金融风险。中华人民共和国成立以来，我国金融快速发展，有利支持了我国经济社会发展，并且取得了诸多重要成就。然而，受限于主客观条件，我国金融发展还存在着“大而不强”的客观事实。就金融作为核心的重要地位和作用，习近平总书记从两个方面进行阐述：

一方面，精准界定金融和经济的关系。习近平总书记在中央政治局第十三次会议上说：“金融活，经济活；金融稳，经济稳。经济兴，金融兴；经济强，金融强。经济是肌体，金融是血脉，两者共生共荣。”习近平总书记认为，金融与经济相互依托、相互作用，两者互相促进，缺一不可。金融在经济运行过程中的重要性意味着一旦爆发系统性金融风险，我国各个方面都会受到极大的冲击。因此，必须强调金融的核心作用，制定相关措施防范化解金融风险。近年来，党中央从财政政策、货币政策、金融监管和金融体系内部多个渠道出台了防范化解金融风险的政策和措施，尤其针对房地产、国有企业和政府债务、影子银行、互联网金融等重点关键领域进行了靶向风险防范，经过几年的有效治理，我国的金融风险在很大程度上得到缓释。

另一方面，关于金融的重要地位和作用，习近平总书记作出了高屋建瓴的诠释，作为理解金融重要地位和作用的关键，是从三个维度来阐述。首先，最关键的一环，即强调金融是国家重要的核心竞争力。改革开放后，金融一开始是作为现代经济的核心出现，这是邓小平金融理论的总纲，随着我国经济发展进程不断向前推进，对金融在整个国家发展中的重要性的认识不断加深，习近平总书记把金融从“现代经济核心”上升为“国家重要的核心竞争力”的高度。现代经济核心更多体现的是国内经济发展中的核心作用，而国家重要的核心竞争力不仅是国内发展的核心推动力，而且是我国在激烈国际竞争的关键抓手之一，是中国实现站起来、富起来到强起来，屹立世界民族之林的核心竞争力，是我国实现中华民族伟大复兴的最重要推动力，提供了最坚实的物质保障。其次，把金融提升到国家安全的高度。习近平总书记强调，“金融安全是国家安全的重要组成部分，是经济平稳健康发展的重要基础”。这意味着维护金融安全的出发点不局限在金融领域，而是要从国家安全的出发点切入，金融安全是我国国家安全网建设中的关键一环，金融安全关系到国家的整体安全。最后，金融制度是经济社会发展中重要的基础性制度，这是首次把金融制度定位为我国基础性制度的重要位置，是我国制度不断完善的成果。金融制度作为重要的基础性制度包含两个深层次含义，一是金融制度是中国基础性制度的重要部分，作为基础性制度并不是只在于其重要性，而是作为基础性制度在我国经济社会发展中起到的作用，强调的是制度的基础性，金融制度是我国社会经济发展重要的制度基础，是我国制度的基石之一。金融制度首次放到基础性制度，是中国特色社会主义制度不断完善的表现，体现了中国共产党对金融制度的认识不断深化，对金融制度在我国整体制度中的地位有了更进一步的理解。二是金融制度作为基础性制度是我国最重要的制度基石，经济社会进程在不断向前发展，基础性制度却起着磐石的作用，把金融制度纳入我国的基础性制度之一，意味着在我国制度建设中，金融制度的重要性在制度层面不断下沉，最后定位为国家的基础性制度，这也代表着以习近平为核心的党中央总结我国金融发展中的经验教训，对未来金融在我国经济社会发展中的作用深入研判，对金融制度进行了重新定位。

（三）防止发生系统性金融风险是金融工作的永恒主题

金融发展过程中要坚持底线思维，确立不发生系统性金融风险的底线。系统性金融风险爆发是由个别的、分散的、局部的风险，在一定条件的催化下，在某个时点，经过一系列环节的风险传递和连锁反应，呈现出全局性、系统性特点。系统性风险发生时表现为单个风险，并且很难甄别出来，具有很强的隐蔽性。但一旦爆发后，犹如多米诺骨牌效应一样，会沿着金融体系的资金链条层层传导，最终形成巨大的全局性风险，造成难以想象的损失。

习近平总书记深刻认识到系统性金融风险的巨大威胁性，指出“防止发生系统性金融风险是金融工作的永恒主题”。守住不发生系统性金融风险的底线，是防范金融风险必须坚守的重要理念。习近平总书记强调：“要把主动防范化解系统性金融风险放在更加重要的位置，科学防范，早识别、早预警、早发现、早处置，着力防范化解重点领域风险，着力完善金融安全防线和风险应急处置机制。”习近平总书记强调，面对波谲云诡的国际形势、复杂敏感的周边环境、艰巨繁重的改革发展稳定任务，我们必须始终保持高度警惕，既要高度警惕“黑天鹅”事件，也要防范“灰犀牛”事件。凡事预则立，不预则废。金融领域与其他领域一样，都可能面临“黑天鹅”事件与“灰犀牛”事件的挑战，预示金融风险的重大不确定性。守住不发生系统性金融风险的底线，既是应对当前金融形势变化的客观要求，也是促进经济金融稳定健康发展的重要保障。

党的十八大以来，我国着力推动金融改革，设立国务院金融稳定发展委员会，金融市场资管新规、资本市场注册试点等一系列制度创新不断出台，金融整顿取得重要成效，市场秩序不断修复完善，防范金融风险的能力在稳步提升。然而，金融风险可能是国内金融市场的问题，也可能是外部金融市场的冲击，如果其他国家出现不利于金融稳定的因素，那么金融风险就可能面临挑战。近年来，美国等世界主要国际货币发行国量化宽松等超常规政策可能产生较强的负向溢出效应，对我国金融安全可能形成潜在冲击。习近平总书记强调：“在经济全球化深入发展的今天，金融危机外溢性突显，国际金融风险点仍然不少。”20 世纪 90 年代以来，金融动荡和危机时有发生。例如，1991 年英国货币危机，1992 年欧洲汇率机制危机，1994 年墨西哥金融危机，1995 年英国巴林银行破产，1996 年保加利亚和俄罗斯的银行倒闭，1997 年亚洲金融危机及 2008 年金融危机，等等。虽然金融危机的爆发是一系列因素综合作用的结果，但当前国际金融治理体系有待完善，世界大国货币金融风险负向溢出效应的问题突出，守住不发生系统性金融风险底线，应成为我国金融工作更加需要坚持的重要理念。因此，习近平总书记强调："准确判断风险隐患是保障金融安全的前提。……对存在的金融风险点，我们一定要胸中有数，增强风险防范意识，未雨绸缪，密切监测，准确预判，有效防范，不忽视一个风险，不放过一个隐患。"

（四）促进金融服务实体经济是防范金融风险的根本举措

习近平总书记强调："金融是实体经济的血脉，为实体经济服务是金融的天职，是金融的宗旨，也是防范金融风险的根本举措。"金融资本进入实体经济，解决经济社会发展的资金瓶颈问题，反过来才能为防范金融风险提供强有力的经济支撑，习近平总书记强调，金融服务实体经济也是防范风险的根本举措，这是我国防范化解系统性金融风险最本质的措施。

金融与实体经济之间是一对矛盾统一体。一方面，金融服务于实体经济，实体经济的兴旺促进金融的繁荣发展；另一方面，金融的过度深化也会导致资金脱实向虚，既侵蚀了实体经济健康发展的根基，也侵蚀了金融安全的基础。对于脱实向虚，要理性看待，尤其要理解我国的金融脱实向虚和金融发展本身的脱实向虚本质上是两回事。从金融发展过程上看，金融的交易体系、交易对象、交易媒介都趋向虚拟化，因此，金融脱实向虚是金融发展的必然，符合经济发展规律，虽然存在日益增加的金融风险，但却是一种正常现象。但是，我国的脱实向虚问题指的并不是金融发展过程的脱实向虚，而是政策层面资金的脱实向虚。金融体系存在着大量的流动性，由于实体经济利润率下降且不良贷款率上升，为提高收益率，避免呆账坏账，金融机构会把这些流动性集中配置到房地产、国有企业和地方政府融资平台，或者流动性在金融体系内部空转，造成实体经济难以获得贷款。因此，我国脱实向虚还是金融机构的"资产荒"和实体经济"资金荒"之间配置的矛盾，外在表现形式为资金错配或者资金不配，这才是我国金融脱实向虚的本质。因此，金融要回归本质，习近平总书记强调，“坚持金融为实体经济服务作为出发点和落脚点，全面提升服务效率和水平，把更多金融资源配置到经济社会发展的重点领域和薄弱环节，更好满足人民群众和实体经济多样化的金融需求”。

四、着力防范化解重大金融风险

当前，我国金融领域系统性风险总体可控，但影子银行风险、外部冲击风险、互联网金融风险等隐患依然存在，处置不当就会严重影响金融市场的健康发展，甚至引发系统性金融风险。必须积极稳妥防范处置突出风险点，不忽视一个风险，不放过一个隐患，防患于未然，确保金融体系安全高效稳健运行。

加快金融供给侧结构性改革。金融供给侧结构性改革的目的，在于优化金融体系结构，提升金融资源配置的效率，更好地服务实体经济，降低金融的系统性风险。从某种意义上来说，在防范系统性风险的前提下，实体经济发展、改革最需要什么，金融供给侧结构性改革的重点就应落在相应领域。要推动金融结构同经济社会发展相适应，促进融资便利化，降低实体经济成本，提高资源配置效率，着力构建与“创新、协调、绿色、开放、共享”发展理念相适应的金融制度体系、市场体系、产品服务体系和监管体系。

尽最大可能提早处置不良资产。信用风险是金融业最基础的风险，有毒资产是必须下决心切除的病灶，掩盖拖延只会贻误治疗，最终带来严重后果。金融机构要采取更审慎的财务会计制度，做实资产分类，充分暴露不良资产。日常监管上，不简单将不良率上升作为评判标准。要利用拨备监管要求下调腾出的财务空间，加大不良资产处置。制定切合实际的收入和利润计划，增加拨备计提和资本补充。疏通不良资产处置的政策堵点，为提高金融体系稳健性创造更有利条件。

防止高风险影子银行反弹回潮。影子银行风险“燃点低”“烈度大”，如有风吹草动，就可能形成“燎原之势”，贻害无穷。目前，影子银行经过不懈治理，风险得到一定程度的控制，但生存的土壤尚未完全铲除，稍一放松监管，极可能全面回潮，导致前功尽弃。要保持战略定力，对高风险业务保持高压态势。突出简单、透明原则，规范交叉金融产品，做到公募产品与私募产品边界清晰，表内业务与表外业务风险隔离，委托业务与自营业务分账经营，储蓄产品和投资产品泾渭分明。努力实现股票市场、债券市场、信贷市场与货币市场职责清晰、分工有序。同时，持续整治互联网金融风险，严厉打击非法集资等违法违规金融活动。

加强金融法治建设。重点整治违法违规套利等严重干扰金融市场秩序的行为，加强互联网金融监管，严格规范金融市场交易行为，严格规范金融综合经营和产融结合。强化金融风险源头管控，严把市场准入关，强化金融机构防范风险主体责任，加强社会信用体系建设。坚决取缔非法金融机构，持续深入打击非法集资活动。

压实地方、金融监管、行业主管等各方责任。压实地方党政同责，负责属地维稳和化解风险；压实金融监管、行业主管、纪检监察等部门责任，按照各自职责推动风险化解；压实企业自救主体责任，制定可行的风险化解方案。要强化能力建设，提升监管科技水平，补齐监管短板，加强金融监管干部队伍建设。要有充足资源，抓紧设立金融稳定保障基金，发挥存款保险制度和行业保障基金在风险处置中的作用，研究制定促进金融机构兼并收购和化解不良资产的支持政策。地方要主动盘活存量资产，化解风险。企业股东要首先承担风险损失，直至股本清零。要各方广泛配合，金融业建立一体化风险处置机制，充分授权，统筹协调，提高跨市场、跨行业统筹应对能力。

切实加强金融消费者教育和保护。金融消费者教育意义重大。金融消费者教育是一种预防性保护。做好金融消费者教育，有利于金融消费者掌握金融知识、了解金融产品、强化金融技能、提升金融风险意识。有效的金融消费者教育可以提高金融消费者的行为理性，降低其系统性行为偏差，增强其对金融市场的信心，接受良好金融教育的消费者是维护金融市场稳定的基石。做好金融消费者教育工作有利于扩大金融服务受众面，提高金融包容性，使更多的金融消费者享受金融业改革发展的成果，促进整个经济社会和谐发展。与此同时，也要建立健全金融消费者权益保护监管机制和保障机制，规范金融机构行为，培育公平竞争和诚信的市场环境，切实保护金融消费者合法权益。

进一步加强党对金融工作的领导。党对金融工作把方向、谋大局、定政策、促改革的主张与意图，要与充分尊重和运用金融规律有机结合起来。不断完善金融法治与生态，营造公平营商环境，贯彻落实竞争中性原则，消除各种融资隐形壁垒，坚持市场化和商业可持续原则，引导资金流向与配置，优化重点领域和薄弱环境的金融资源配置。防控金融风险的根本任务不是要关注甚至消除任何微观单体风险，而是要防止发生系统性金融风险，加快相关法律法规建设，完善金融机构法人治理结构，强化金融监管，加强宏观调控，发挥市场约束机制。要严厉打击金融腐败，坚决查处风险背后的利益勾结，把查办案件、防控风险、挽回损失、堵塞漏洞、重塑文化有机结合起来，加快构建金融业健康发展的长效机制。

10 不能毕其功于一役

——正确认识和把握碳达峰碳中和工作

实现碳达峰碳中和，是贯彻新发展理念、构建新发展格局、推动高质量发展的内在要求。2021 年中央经济工作会议深刻阐释我国发展面临的新的重大理论和实践问题，强调“要正确认识和把握碳达峰碳中和工作”。2022 年《政府工作报告》对有序推进碳达峰碳中和工作、推动绿色低碳发展作出明确部署。我们要完整、准确、全面贯彻新发展理念，把党中央、国务院的决策部署落到实处。

一、深刻认识做好碳达峰碳中和工作的重大意义

二氧化碳排放力争于 2030 年前达到峰值，努力争取 2060 年前实现碳中和，是以习近平同志为核心的党中央统筹国内国际两个大局，经过深思熟虑作出的重大战略决策。推进“双碳”工作是破解资源环境约束突出问题、实现可持续发展的迫切需要，是顺应技术进步趋势、推动经济结构转型升级的迫切需要，是满足人民群众日益增长的优美生态环境

需要、促进人与自然和谐共生的迫切需要，是主动担当大国责任、推动构建人类命运共同体的迫切需要。我们必须充分认识实现“双碳”目标的重要性，增强推进“双碳”工作的信心。

（一）实现碳达峰碳中和是推动高质量发展的内在要求

实现高质量发展，就要坚定不移贯彻新发展理念，坚持系统观念，以经济社会发展全面绿色转型为引领，以能源绿色低碳发展为关键，加快形成节约资源和保护环境的产业结构、生产方式、生活方式、空间格局，坚定不移走生态优先、绿色低碳的高质量发展道路。近两年来，在“双碳”刺激效应下，国内电动汽车、光伏、风电等热点产业蓬勃发展。长远来看，经济社会绿色转型和高质量发展进一步有机融合，必将推动传统产业高端化、智能化、绿色化，推动全产业链优化升级，推动我国经济发展质量变革、效率变革、动力变革，从而加快形成绿色经济新动能和可持续增长极，显著提升经济社会发展质量效益，为我国全面建设社会主义现代化强国提供强大动力。

（二）做好碳达峰碳中和工作是加强生态文明建设的战略举措

党的十八大以来，我国生态文明制度体系不断健全，生态环境质量不断提高，生态文明建设发生了历史性、转折性、全局性变化。但也要看到，我国生态文明建设仍然面临诸多矛盾和挑战，生态环境稳中向好的基础还不稳固。“十四五”时期，我国生态文明建设进入了以降碳为重点战略方向、推动减污降碳协同增效、促进经济社会发展全面绿色转型、实现生态环境质量改善由量变到质变的关键时期。做好碳达峰碳中和工作，大力实施节能减排，全面推进清洁生产，加快发展循环经济，将加快形成绿色生产生活方式，不断促进生态文明建设取得新成就。

（三）做好碳达峰碳中和工作是维护能源安全的重要保障

能源是经济社会发展须臾不可缺少的资源。2020 年，我国能源消费总量中非化石能源消费比重不足 16%。随着工业化、新型城镇化进一步推进，能源消耗量还将刚性增长。目前，我国不少领域能源利用效率与国际先进水平相比还存在较大差距，一些能源品类的外采率不断攀升，2020 年，石油、天然气外采比重分别达到 73% 和 43%，安全保障面临较大压力。做好碳达峰碳中和工作，坚持先立后破，以保障安全为前提构建现代能源体系，以绿色、可持续的方式满足经济社会发展所必需的能源需求，提高能源自给率，增强能源供应的稳定性、安全性、可持续性。

（四）做好碳达峰碳中和工作是推动构建人类命运共同体的大国担当

应对气候变化《巴黎协定》代表了全球绿色低碳转型的大方向，是保护地球家园需要采取的最低限度行动，各国必须迈出决定性步伐。中国一直是生态文明的践行者，全球气候治理的行动派，为《巴黎协定》的达成和生效实施作出了重要贡献。中国历来重信守诺，狠抓国内碳减排工作，2020 年，单位 GDP 碳排放较 2005 年累计下降 48.4%，超额完成应对气候变化行动目标。中国作为世界上最大的发展中国家，提出力争 2030 年前实现碳达峰、2060 年前实现碳中和的自主贡献目标，将完成碳排放强度全球最大降幅，用历史上最短的时间从碳排放峰值实现碳中和，体现了最大的雄心力度，需要付出艰苦卓绝的努力。中国实现碳达峰碳中和，必将为全球实现《巴黎协定》目标注入强大动力，为进一步构建人类命运共同体、共建清洁美丽世界作出巨大贡献。

知识链接

在 2020 年第七十五届联合国大会一般性辩论上，习近平总书记正式宣布："中国将提高国家自主贡献力度，采取更加有力的政策和措施，二氧化碳排放力争于 2030 年前达到峰值，努力争取 2060 年前实现碳中和。"

二、碳达峰碳中和工作取得新进展

过去一年，党中央稳步有序推进碳达峰碳中和工作，积极应对气候变化，协同推进经济高质量发展和生态环境高水平保护，在推进降碳的同时确保能源安全、产业链供应链安全、粮食安全，确保群众正常生产，各项工作不断取得新进展。2021年，国内生产总值达到114万亿元，增长8.1%，单位GDP能耗下降2.7%。

（一）"1+N"政策体系初步建立

把"双碳"工作纳入生态文明建设整体布局和经济社会发展全局，加快制定出台相关规划、实施方案和保障措施。一是出台《关于完整准确全面贯彻新发展理念做好碳达峰碳中和工作的意见》，编制《2030年前碳达峰行动方案》，明确"碳达峰十大行动"，对碳达峰碳中和工作作出系统谋划和总体部署，绘就了时间表、路线图、施工图。二是出台科技、碳汇、财税、金融等保障措施。推出碳减排支持工作和煤炭清洁高效利用专项再贷款政策，撬动更多社会资金促进碳减排。三是全国碳排放权交易市场启动上线交易，第一个履约周期纳入发电行业重点排放单位2162家，覆盖约45亿吨二氧化碳排放量，成为全球规模最大的碳市场，碳排放配额累计成交1.79亿吨，累计成交额76.6亿元，发布企业温室气体排放报告、核查指南和碳排放权登记、交易、结算管理规则，利用市场机制减碳初见成效。

政策传真

在中共中央、国务院《关于完整准确全面贯彻新发展理念做好碳达峰碳中和工作的意见》中，制定的主要目标是：

到2025年，绿色低碳循环发展的经济体系初步形成，重点行业能源利用效率大幅提升。单位国内生产总值能耗比 2020 年下降 13.5%；单位国内生产总值二氧化碳排放比 2020 年下降 18%；非化石能源消费比重达到 20% 左右；森林覆盖率达到 24.1%，森林蓄积量达到 180 亿立方米，为实现碳达峰碳中和奠定坚实基础。

到 2030 年，经济社会发展全面绿色转型取得显著成效，重点耗能行业能源利用效率达到国际先进水平。单位国内生产总值能耗大幅下降；单位国内生产总值二氧化碳排放比 2005 年下降 65% 以上；非化石能源消费比重达到 25% 左右，风电、太阳能发电总装机容量达到 12 亿千瓦以上；森林覆盖率达到 25% 左右，森林蓄积量达到 190 亿立方米，二氧化碳排放量达到峰值并实现稳中有降。

到 2060 年，绿色低碳循环发展的经济体系和清洁低碳安全高效的能源体系全面建立，能源利用效率达到国际先进水平，非化石能源消费比重达到 80% 以上，碳中和目标顺利实现，生态文明建设取得丰硕成果，开创人与自然和谐共生新境界。

（二）能源结构持续调整

立足我国能源资源禀赋，坚持先立后破、通盘谋划，按照“传统能源逐步退出必须建立在新能源安全可靠的替代基础上”要求，大力规划建设以风光电基地为基础、以其周边清洁高效先进节能的煤电为支撑、以稳定安全可靠的特高压输变电线路为载体的新能源供给消纳体系。一是出台煤电机组改造升级实施方案，深入实施煤电节能降碳改造，全国超低排放煤电机组规模不断提升，每千瓦时火力发电标准煤耗下降 0.5%。二是大力发展可再生能源，以甘肃、青海、内蒙古、宁夏等地的沙漠、戈壁、荒漠地区为重点，第一批风电光伏基地陆续开工建设。我国可再生能源发电装机达到 10.63 亿千瓦，占总发电装机容量的 44.8%，全年发电量达 2.48 万亿千瓦时，占全社会用电量的 29.8%。

风电装机容量达 3.28 亿千瓦，海上风电装机跃居世界第一，风力发电 6526 亿千瓦时、同比增长 40.5%。光伏发电装机容量达 3.06 亿千瓦、连续 7 年稳居全球首位，光伏发电 3259 亿千瓦时、同比增长 25.1%。三是推进重大水电工程建设，乌东德水电站全部机组投产发电、白鹤滩水电站首批机组投产发电，全国水电装机容量约 3.91 亿千瓦。

（三）产业结构不断优化

统筹做好“十四五”节能降碳总体设计，印发《“十四五”节能减排综合工作方案》，明确“十四五”节能工作的总体思路、重点工程、重大政策和保障措施。一是健全能耗双控管理措施，增强能耗总量管理弹性，推动能源资源配置更加合理、利用效率大幅提高。二是坚决遏制“两高”项目盲目发展，印发《关于加强高耗能、高排放建设项目生态环境源头防控的指导意见》，梳理建立在建拟建“两高”项目的环评管理台账，全面启动修订有关环评审批原则，严把生态环境准入关口，全年“两高”相关行业环评审批数量下降超过三成，“十四五”拟投产年综合能耗 5 万吨标准煤以上的项目大幅压减。三是大力发展节能环保产业，绿色产品产量快速增长，新能源汽车、太阳能电池产量分别同比增长 152.5%、42.1%。

（四）国际合作不断拓展

秉持人类命运共同体理念，以更加积极的姿态参与全球气候谈判议程和国际规则制定。一是正式向联合国气候变化框架公约秘书处提交《中国落实国家自主贡献成效和新目标新举措》和《中国本世纪中叶长期温室气体低排放发展战略》。二是达成《中美应对气候危机联合声明》和《中美关于在 21 世纪 20 年代强化气候行动的格拉斯哥联合宣言》，推动《联合国气候变化框架公约》第二十六次缔约方大会取得预期成果。三是成功召开两次中欧环境与气候高层对话，正式接受《〈蒙特利尔议定书〉基加利修正案》。四是推进“一带一路”绿色发展国际联盟建设，举办“一带一路”绿色发展圆桌会等近20场主题活动，支持发展中国家能源绿色低碳发展。充分发挥“一带一路”生态环保大数据服务平台作用，打造“走出去”绿色解决方案。五是发布《中国受控消耗臭氧层物质清单》和《中国进出口受控消耗臭氧层物质名录》，全面实现《斯德哥尔摩公约》2021年度履约目标。六是开展政府间气候变化专门委员会（IPCC）第六次评估报告政府评审工作。七是加强双多边气候合作，达成《中非应对气候变化合作宣言》，推动构建公平合理、合作共赢的全球气候治理体系。

三、准确把握实现碳达峰碳中和工作的基本原则

实现碳达峰碳中和，是一场广泛而深刻的经济社会变革，绝不是轻轻松松就能实现的。中央经济工作会议指出，现实中，有的地方搞“碳冲锋”，有的搞“一刀切”、运动式“减碳”，甚至出现“拉闸限电”现象，这些都不符合党中央的要求，必须及时纠正。这是一项复杂工程和长期任务，不能毕其功于一役。

（一）正确处理实现碳达峰碳中和工作的四对关系

实现碳达峰碳中和必须统筹好发展和安全两件大事，要充分考虑国内能源结构、产业结构等基本国情，通盘谋划，先立后破，不能影响经济社会发展全局，确保传统能源逐步退出要建立在新能源安全可靠的替代基础上。这就要求目标上要坚定不移，策略上要稳中求进，提高战略思维能力，把系统观念贯穿“双碳”工作全过程，注重处理好四对关系。

一是发展和减排的关系。减排不是减生产力，也不是不排放，而是要走生态优先、绿色低碳发展道路，在经济发展中促进绿色转型、在绿色转型中实现更大发展。

二是整体和局部的关系。既要增强全国一盘棋意识，加强政策措施

的衔接协调，确保形成合力；又要充分考虑区域资源分布和产业分工的客观现实，研究确定各地产业结构调整方向和“双碳”行动方案，不搞齐步走、“一刀切”。

三是长远目标和短期目标的关系。既要立足当下，一步一个脚印解决具体问题，积小胜为大胜；又要放眼长远，克服急功近利、急于求成的思想，把握好降碳的节奏和力度，实事求是、循序渐进、持续发力。

四是政府和市场的关系。要坚持两手发力，推动有为政府和有效市场更好结合，建立健全“双碳”工作激励约束机制。

实践观察

国家发展改革委召开8月例行新闻发布会，发布会提到：今年以来，各地区各部门积极推进碳达峰碳中和相关工作，取得了一定成效。但在工作中确实出现了有些地方、行业、企业的工作着力点有所“跑偏”，采取的行动措施不符合实事求是、尊重规律、循序渐进、先立后破的要求。有的地方、行业、企业“抢头彩”心切，提出的目标超越发展阶段；有的地方对高耗能项目搞“一刀切”关停。有的地方口号喊得响，行动跟不上，有的地方甚至违规上马“两高”项目。有的行业没有扎实做好结构节能、技术节能、管理节能，而是寄希望于某种技术一劳永逸解决问题。“这些现象与碳达峰碳中和工作的初衷和要求背道而驰，必须坚决予以纠正”。确保党中央、国务院决策部署不跑偏、不走样。

（二）做好碳达峰碳中和工作的基本原则

实现碳达峰碳中和，绝不是就碳论碳的事，而是多重目标、多重约束的经济社会系统性变革，要通过采取强有力措施，重塑我国经济结构、能源结构，转变生产方式、生活方式。为确保碳达峰碳中和目标如期实现，要把握好以下原则：

一是坚持全国统筹。坚持全国一盘棋，碳达峰碳中和是一个整体概念，不可能由一个地区、一个单位“单打独斗”，必须加强党的领导，强化顶层设计，发挥制度优势。实行党政同责，压实各方责任。做到统筹协调、分类施策、重点突破、有序推进，组织地方从实际出发制定落实举措。根据各地实际分类施策，鼓励主动作为、率先达峰。要鼓励有条件的行业、企业积极探索，形成一批可复制、可推广的经验模式。

二是坚持节约优先。把节约能源资源放在首位，实行全面节约战略。我国是人口大国，与发达国家相比，能源资源约束问题还比较突出。做好碳达峰碳中和工作，必须把节约放在首要位置，持续降低单位产出能源资源消耗和碳排放，提高投入产出效率，倡导简约适度、绿色低碳的生活方式，从源头和入口形成有效的碳排放控制阀门。

三是坚持双轮驱动。坚持政府和市场两手发力，是实现碳达峰碳中和的重要保障。一方面，要充分发挥市场配置资源的决定性作用，引导各类资源、要素向绿色低碳发展集聚，用好碳交易、绿色金融等市场机制，激发各类市场主体绿色低碳转型的内生动力和创新活力。另一方面，要切实发挥政府作用，深化能源和相关领域改革，敢于打破利益藩篱，大力破除制约绿色低碳发展的体制机制障碍；要构建新型举国体制，强化科技和制度创新，加快绿色低碳科技革命。

四是坚持内外畅通。立足国情实际，统筹国内国际能源资源，要坚持以我为主，扎扎实实办好自己的事，同时也要用好国内国际两方面资源，大力推广先进绿色低碳技术和经验。统筹做好应对气候变化对外斗争与合作，不断增强国际影响力和话语权，坚决维护我国发展权益。要积极参与应对气候变化多边进程，承担与我国发展水平相称的国际责任。要讲好中国故事，发出中国声音，贡献中国方案，携手国际社会共同保护好地球家园。

五是坚持防范风险。处理好减污降碳和能源安全、产业链供应链安全、粮食安全、群众正常生活的关系。当前，我国仍处在工业化、新型城镇化快速发展的历史阶段，产业结构偏重，能源结构偏煤，时间窗口偏紧，技术储备不足，实现碳达峰碳中和的任务相当艰巨。必须坚持实事求是、一切从实际出发，尊重规律、把握节奏。要强化底线思维，坚持先立后破，有效应对绿色低碳转型过程中可能伴生的经济、金融、社会风险，防止过度反应，确保安全降碳。

两会观察

《政府工作报告》提出的“双碳”工作的目标为：生态环境质量持续改善，主要污染物排放量继续下降；能耗强度目标在“十四五”规划期内统筹考核，并留有适当弹性，新增可再生能源和原料用能不纳入能源消费总量控制。

四、有序推进碳达峰碳中和工作

实现碳达峰碳中和是一场硬仗，也是对我们党治国理政能力的一场大考。“十四五”时期是碳达峰的关键期、窗口期，我国生态文明建设进入了以降碳为重点战略方向、推动减污降碳协同增效、促进经济社会发展全面绿色转型、实现生态环境质量改善由量变到质变的关键时期。要坚持先立后破、通盘谋划，加强统筹协调，积极稳妥推进碳达峰碳中和工作，按照国家“双碳”工作规划部署，增强系统观念，坚持稳中求进，逐步实现，坚持降碳、减污、扩绿、增长协同推进，更好地发挥我国制度优势、资源条件、技术潜力、市场活力，加快形成节约资源和保护环境的产业结构、生产方式、生活方式、空间格局。

（一）推动能源革命

立足我国能源资源禀赋，先立后破，加强煤炭清洁高效利用，推进新能源发展，加快形成绿色生产生活方式。传统能源逐步退出必须建立在新能源安全可靠的替代基础上。要坚决控制化石能源消费，有序减量替代，大力推动煤电节能降碳改造、灵活性改造、供热改造“三改联动”，夯实国内能源生产基础，把促进新能源和清洁能源发展放在更加突出的位置，推动能源技术与现代信息、新材料和先进制造技术深度融合，探索能源生产和消费新模式，加快构建清洁低碳安全高效能源体系。

高层声音

2021 年 12 月 8 日，习近平总书记在中央经济工作会议上指出，绿色低碳发展是经济社会发展全面转型的复杂工程和长期任务，能源结构、产业结构调整不可能一蹴而就，更不能脱离实际，如果传统能源逐步退出不是建立在新能源安全可靠的替代基础上，就会对经济发展和社会稳定造成冲击。减污降碳是经济结构调整的有机组成部分，要先立后破、通盘谋划。

一是严格控制化石能源消费。加快煤炭减量步伐，“十四五”时期严控煤炭消费增长，“十五五”时期逐步减少。石油消费“十五五”时期进入峰值平台期。统筹煤电发展和保供调峰，严控煤电装机规模，加快现役煤电机组节能升级和灵活性改造。逐步减少直至禁止煤炭散烧。加快推进页岩气、煤层气、致密油气等非常规油气资源规模化开发。强化风险管控，确保能源安全稳定供应和平稳过渡。

二是强化能源消费强度和总量双控。坚持节能优先的能源发展战略，严格控制能耗和二氧化碳排放强度，合理控制能源消费总量，统筹建立二氧化碳排放总量控制制度。做好产业布局、结构调整、节能审查与能耗双控的衔接，对能耗强度下降目标完成形势严峻的地区实行项目缓批限批、能耗等量或减量替代。强化节能监察和执法，加强能耗及二氧化碳排放控制目标分析预警，严格责任落实和评价考核。加强甲烷等非二氧化碳温室气体管控。

高层声音

2021 年 12 月 8 日，习近平总书记在中央经济工作会议上指出，要科学考核，完善能耗“双控”制度，创造条件尽早实现能耗“双控”向碳排放总量和强度“双控”转变，加快形成减污降碳的激励约束机制。各地区各有关部门要统筹做好“双控”“双碳”工作，防止简单层层分解。

三是积极发展非化石能源。实施可再生能源替代行动，大力发展风能、太阳能、生物质能、海洋能、地热能等，不断提高非化石能源消费比重。坚持集中式与分布式并举，优先推动风能、太阳能就地就近开发利用。因地制宜开发水能。积极安全有序发展核电。合理利用生物质能。加快推进抽水蓄能和新型储能规模化应用。统筹推进氢能“制储输用”全链条发展。构建以新能源为主体的新型电力系统，提高电网对高比例可再生能源的消纳和调控能力。

四是大幅提升能源利用效率。把节能贯穿于经济社会发展全过程和各领域，持续深化工业、建筑、交通运输、公共机构等重点领域节能，提升数据中心、新型通信等信息化基础设施能效水平。健全能源管理体系，强化重点用能单位节能管理和目标责任。瞄准国际先进水平，加快实施节能降碳改造升级，打造能效“领跑者”。

五是深化能源体制机制改革。全面推进电力市场化改革，加快培育发展配售电环节独立市场主体，完善中长期市场、现货市场和辅助服务市场衔接机制，扩大市场化交易规模。推进电网体制改革，明确以消纳可再生能源为主的增量配电网、微电网和分布式电源的市场主体地位。加快形成以储能和调峰能力为基础支撑的新增电力装机发展机制。完善电力等能源品种价格市场化形成机制。从有利于节能的角度深化电价改革，理顺输配电价结构，全面放开竞争性环节电价。推进煤炭、油气等市场化改革，加快完善能源统一市场。

（二）推进产业优化升级

要紧紧抓住新一轮科技革命和产业变革的机遇，建设绿色制造体系和服务体系，提高绿色低碳产业在经济总量中的比重。要下大气力推动产业优化升级，加快工业领域低碳工艺革新和数字化转型。

一是深度调整产业结构。加快推进农业绿色发展，促进农业固碳增效。制定能源、钢铁、有色金属、石化化工、建材、交通、建筑等行业和领域碳达峰实施方案。以节能降碳为导向，修订产业结构调整指导目录。开展钢铁、煤炭去产能“回头看”，巩固去产能成果。加快推进工业领域低碳工艺革新和数字化转型。开展碳达峰试点园区建设。加快商贸流通、信息服务等绿色转型，提升服务业低碳发展水平。

二是坚决遏制高耗能高排放项目盲目发展。新建、扩建钢铁、水泥、平板玻璃、电解铝等高耗能高排放项目严格落实产能等量或减量置换，出台煤电、石化、煤化工等产能控制政策。未纳入国家有关领域产业规划的，一律不得新建改扩建炼油项目，不得新建乙烯、对二甲苯、煤制烯烃项目。合理控制煤制油气产能规模。提升高耗能高排放项目能耗准入标准。加强产能过剩分析预警和窗口指导。

三是大力发展绿色低碳产业。加快发展新一代信息技术、生物技术、新能源、新材料、高端装备、新能源汽车、绿色环保以及航空航天、海洋装备等战略性新兴产业。建设绿色制造体系。推动互联网、大数据、人工智能、第五代移动通信（5G）等新兴技术与绿色低碳产业深度融合。

（三）加快绿色低碳科技革命

要狠抓绿色低碳技术攻关，加快先进适用技术研发和推广应用。要建立完善绿色低碳技术评估、交易体系，加快创新成果转化。要创新人才培养模式，鼓励高等学校加快相关学科建设。

一是强化基础研究和前沿技术布局。制定科技支撑碳达峰碳中和行动方案，编制碳中和技术发展路线图。采用“揭榜挂帅”机制，开展低碳零碳负碳和储能新材料、新技术、新装备攻关。加强气候变化成因及影响、生态系统碳汇等基础理论和方法研究。推进高效率太阳能电池、可再生能源制氢、可控核聚变、零碳工业流程再造等低碳前沿技术攻关。培育一批节能降碳和新能源技术产品研发国家重点实验室、国家技术创新中心、重大科技创新平台。建设碳达峰、碳中和人才体系，鼓励高等学校增设碳达峰、碳中和相关学科专业。

二是加快先进适用技术研发和推广。深入研究支撑风电、太阳能发电大规模友好并网的智能电网技术。加强电化学、压缩空气等新型储能技术攻关、示范和产业化应用。加强氢能生产、储存、应用关键技术研发、示范和规模化应用。推广园区能源梯级利用等节能低碳技术。推动气凝胶等新型材料研发应用。推进规模化碳捕集利用与封存技术研发、示范和产业化应用。建立完善绿色低碳技术评估、交易体系和科技创新服务平台。

（四）完善绿色低碳政策体系

充分发挥市场机制作用，统筹推进绿色电力交易、用能权交易、碳排放权交易等市场化机制建设。完善投资政策，构建与碳达峰碳中和相适应的投融资体系。积极发展绿色金融，设立碳减排货币政策工具，有序推进绿色低碳金融产品和服务开发。加大财政对绿色低碳产业发展、技术研发等的支持力度。

一是推进市场化机制建设。依托公共资源交易平台，加快建设完善全国碳排放权交易市场，逐步扩大市场覆盖范围，丰富交易品种和交易方式，完善配额分配管理。将碳汇交易纳入全国碳排放权交易市场，建立健全能够体现碳汇价值的生态保护补偿机制。健全企业、金融机构等碳排放报告和信息披露制度。完善用能权有偿使用和交易制度，加快建设全国用能权交易市场。加强电力交易、用能权交易和碳排放权交易的统筹衔接。发展市场化节能方式，推行合同能源管理，推广节能综合服务。

数据链接

2021 年 7 月 16 日，全国碳市场上线交易正式启动，首批只纳入 2162 家发电企业，覆盖配额规模约为 45 亿吨二氧化碳排放量。截至 2022 年 3 月 16 日，全国碳市场运行已满 8 个月。据上海环境能源交易所数据显示，全国碳市场碳排放配额（CEA）累计成交量 1.89 亿吨，累计成交额 81.9 亿元。我国持续推进排污权有偿使用和交易试点工作，2021 年 1—11 月全国 14 个试点地区排污权有偿使用和交易总金额超 10 亿元，其中一级市场占比 60%，二级市场占比 40%。

二是完善投资政策。充分发挥政府投资引导作用，构建与碳达峰碳中和相适应的投融资体系，严控煤电、钢铁、电解铝、水泥、石化等高碳项目投资，加大对节能环保、新能源、低碳交通运输装备和组织方式、碳捕集利用与封存等项目的支持力度。完善支持社会资本参与政策，激发市场主体绿色低碳投资活力。国有企业要加大绿色低碳投资，积极开展低碳零碳负碳技术研发应用。

三是积极发展绿色金融。有序推进绿色低碳金融产品和服务开发，设立碳减排货币政策工具，将绿色信贷纳入宏观审慎评估框架，引导银行等金融机构为绿色低碳项目提供长期限、低成本资金。鼓励开发性、政策性金融机构按照市场化、法治化原则为实现碳达峰碳中和提供长期、稳定的融资支持。支持符合条件的企业上市融资和再融资用于绿色低碳项目建设运营，扩大绿色债券规模。研究设立国家低碳转型基金。鼓励社会资本设立绿色低碳产业投资基金。建立健全绿色金融标准体系。

四是完善财税价格政策。各级财政要加大对绿色低碳产业发展、技术研发等的支持力度。完善政府绿色采购标准，加大绿色低碳产品采购力度。落实环境保护、节能节水、新能源和清洁能源车船税收优惠。研究碳减排相关税收政策。建立健全促进可再生能源规模化发展的价格机制。完善差别化电价、分时电价和居民阶梯电价政策。严禁对高耗能、高排放、资源型行业实施电价优惠。加快推进供热计量改革和按供热量收费。加快形成具有合理约束力的碳价机制。

（五）提高对外开放绿色低碳发展水平

要秉持人类命运共同体理念，加快建立绿色贸易体系，加快共建“一带一路”投资合作绿色转型，以更加积极的姿态参与全球气候谈判议程和国际规则制定，推动构建公平合理、合作共赢的全球气候治理体系。

一是持续优化贸易结构。大力发展高质量、高技术、高附加值的绿色产品贸易。完善出口政策，严格管理高耗能高排放产品出口。积极扩大绿色低碳产品、节能环保服务、环境服务等进口。

二是推进绿色“一带一路”建设。加快“一带一路”投资合作绿色转型。支持共建“一带一路”国家开展清洁能源开发利用。大力推动南南合作，帮助发展中国家提高应对气候变化的能力。深化与各国在绿色技术、绿色装备、绿色服务、绿色基础设施建设等方面的交流与合作，积极推动我国新能源等绿色低碳技术和产品“走出去”，让绿色成为共建“一带一路”的底色。

三是加强国际交流与合作。积极参与应对气候变化国际谈判，坚持我国发展中国家定位，坚持共同但有区别的责任原则、公平原则和各自能力原则，维护我国发展权益。履行《联合国气候变化框架公约》及其《巴黎协定》，发布我国长期温室气体低排放发展战略，积极参与国际规则和标准制定，推动建立公平合理、合作共赢的全球气候治理体系。加强应对气候变化国际交流合作，统筹国内外工作，主动参与全球气候和环境治理。

11 经邦济世

——领导干部要提高领导经济工作的专业能力

做好经济工作是我们党治国理政的重大任务。坚持加强党对经济工作的集中统一领导，是做好经济工作的根本保证，是战胜一切困难和风险的“定海神针”。中央经济工作会议指出，在应对风险挑战的实践中，我们进一步积累了对做好经济工作的规律性认识。必须坚持党中央集中统一领导，沉着应对重大挑战，步调一致向前进。必须坚持高质量发展，坚持以经济建设为中心是党的基本路线的要求，全党都要聚精会神贯彻执行，推动经济实现质的稳步提升和量的合理增长。必须坚持稳中求进，调整政策和推动改革要把握好时度效，坚持先立后破、稳扎稳打。必须加强统筹协调，坚持系统观念。同时，全面建设社会主义现代化国家，必须有一支政治过硬、具备领导现代化建设能力的干部队伍，领导干部要提高领导经济工作的专业能力。

一、必须坚持党中央集中统一领导

事在四方，要在中央。中国共产党的坚强领导，总揽全局、协调各方，为沉着应对各种重大风险挑战提供根本政治保证。坚持党的领导是党百年奋斗的历史经验，全党全国的事要办好，中央必须有权威。习近平总书记强调：党中央是大脑和中枢，党中央必须有定于一尊、一锤定音的权威，这样才能“如身使臂，如臂使指，叱咤变化，无有留难，则天下之势一矣”。我们能够沉着应对，过险滩，闯难关，关键是在党中央集中统一领导下，各地区各部门步调一致向前进，拔了不少钉子，稳住宏观大局。

（一）做好经济工作根本在于坚持党的领导

大战大考见真章。中国经济是一艘巨轮，体量越大，风浪越大，掌舵领航越重要。党的十八大以来，我国发展的内外环境空前复杂，经济工作连续遇到重大挑战。2012 年前后，我国出现了增长速度换档期、结构调整阵痛期、前期刺激政策消化期“三期叠加”的复杂局面，传统发展模式难以为继，经济出现“四降一升”问题。2018 年，美国单方面挑起对华经贸摩擦，保护主义和逆全球化潮流抬头，我国外部发展环境日趋严峻。2020 年，全球范围爆发新冠肺炎疫情，世界经济出现百年不遇的剧烈动荡和格局调整，我国经济发展进一步受到内外双重挤压。

面对复杂的内外形势，中央坚持以习近平新时代中国特色社会主义经济思想为指导，把新发展理念贯彻到经济工作的各方面。对内，提出“新常态”及其九个阶段性特征，明确中国经济已由高速增长阶段转向高质量发展阶段，作出坚持以高质量发展为主题、以供给侧结构性改革为主线的重大决策，坚持稳中求进主基调，坚决打好防范化解重大风险、精准脱贫、污染防治三大攻坚战，引导各方着力推动经济发展质量变革、效率变革、动力变革；对外，在经贸领域同美国进行坚决有力、有理有节的斗争，依托制度优势和体系优势稳妥应对新冠肺炎疫情带来的消费、投资、出口和民生等一系列冲击，使中国经济在斗争中增强韧性、在挑战中化危为机、在风雨中不断成长，并在全球率先实现了经济整体复苏。特别是面对百年不遇的新冠肺炎疫情，党中央一声令下，八方驰援，众志成城，我国在全球率先控制住疫情、率先复工复产、率先实现经济正增长，“中国之治”展现出令世界惊叹的能力和效率。实践告诉我们，党中央权威是危难时刻全党全国各族人民迎难而上的根本依靠，在重大历史关头、重大考验面前，党中央的判断力、决策力、行动力具有决定性作用。

党的十八大以来，我国国内生产总值突破百万亿元大关，人均国内生产总值超过 1 万美元。国家经济实力、科技实力、综合国力跃上新台阶。我国持续向贫困宣战，解决了千百年来困扰中华民族的绝对贫困问题。美丽中国建设迈出重大步伐，我国生态环境保护发生历史性、转折性、全局性变化。全面建成小康社会目标如期实现，开启全面建设社会主义现代化国家新征程。新时代党和国家事业取得的历史性成就、发生的历史性变革都充分证明：以习近平同志为核心的党中央作出的决策部署是完全正确的，党中央具有驾驭复杂局面的娴熟能力，具有引领中国经济巨轮破浪前行的高超智慧，这是我们战胜一切风险挑战的主心骨。

（二）党的十八大以来，党领导经济工作的发展理念脉络

党的十八大以来，我们党对经济形势进行科学判断，对经济社会发展提出了许多重大理论和理念，引导我国经济发展取得了历史性成就，发生了历史性变革。主要有以下方面：

一是坚持以人民为中心的发展思想。2013 年 1 月 15 日，在十八届中央政治局常委同中外记者见面时，习近平总书记强调人民对美好生活的向往就是我们的奋斗目标，强调要坚定不移走共同富裕的道路。2015 年 10 月 29 日，在党的十八届五中全会上，习近平总书记明确提出了坚持以人民为中心的发展思想。2020 年 10 月 29 日，在党的十九届五中全

会上，习近平总书记进一步强调要努力促进全体人民共同富裕取得更为明显的实质性进展。

二是不再简单以国内生产总值增长率论英雄。2012 年 12 月 15 日，在中央经济工作会议上，习近平总书记强调不能不顾客观条件、违背规律盲目追求高速度。2013 年 4 月 25 日，在中央政治局常委会会议上，习近平总书记强调，不要把国家确定的调控目标作为各地经济增长的底线，更不要相互攀比甚至层层加码，要立足提高质量和效益来推动经济持续健康发展，追求实实在在、没有水分的生产总值，追求有效益、有质量、可持续的经济发展。

三是我国经济处于“三期叠加”时期。2013 年 7 月 25 日，在中央政治局常委会会议上，习近平总书记强调我国经济正处于增长速度换档期、结构调整阵痛期、前期刺激政策消化期叠加的阶段，加上世界经济也在深度调整，发展环境十分复杂，要准确认识我国经济发展阶段性特征，实事求是进行改革调整。

四是经济发展进入新常态。2013 年 12 月 10 日，在中央经济工作会议上，习近平总书记提出“新常态”。2014 年 12 月 9 日，在中央经济工作会议上，习近平总书记从九个方面的趋势性变化分析了我国经济发展进入新常态的原因，强调认识新常态、适应新常态、引领新常态是当前和今后一个时期我国经济发展的大逻辑。

五是使市场在资源配置中起决定性作用、更好发挥政府作用。2013 年 11 月，在党的十八届三中全会上，习近平总书记强调，市场配置资源是最有效率的形式，市场决定资源配置是市场经济的一般规律，强调要使市场在资源配置中起决定性作用，对市场作用作了全新定位。

六是绿水青山就是金山银山。2013 年 9 月 7 日，在纳扎尔巴耶夫大学发表演讲时，习近平总书记强调，建设生态文明、建设美丽中国是我们的一项战略任务，要给子孙后代留下天蓝、地绿、水净的美好家园。2014 年 3 月 7 日，在参加十二届全国人大二次会议贵州代表团审议时，习近平总书记进一步强调了这个观点。

七是坚持新发展理念。2015 年 10 月，在党的十八届五中全会上，习近平总书记提出了创新、协调、绿色、开放、共享的发展理念，强调创新发展注重的是解决发展动力问题，协调发展注重的是解决发展不平衡问题，绿色发展注重的是解决人与自然和谐问题，开放发展注重的是解决发展内外联动问题，共享发展注重的是解决社会公平正义问题，强调坚持新发展理念是关系我国发展全局的一场深刻变革。

八是推进供给侧结构性改革。2015 年 11 月 10 日，在中央财经领导小组会议上，习近平总书记提出要着力加强供给侧结构性改革。2015 年 12 月 18 日，在中央经济工作会议上，习近平总书记强调，供给侧结构性改革的关键是抓好“去产能、去库存、去杠杆、降成本、补短板”。2018 年 12 月 19 日，在中央经济工作会议上，习近平总书记提出了“巩固、增强、提升、畅通”的八字新要求，强调这八字方针是当前和今后一个时期深化供给侧结构性改革、推动经济高质量发展管总的要求。

九是发展不平衡不充分。2017 年 10 月，在党的十九大上，习近平总书记强调，我国社会主要矛盾已经转化为人民日益增长的美好生活需要和不平衡不充分的发展之间的矛盾，强调这是关系全局的历史性变化。

十是推动高质量发展。2017 年 10 月，在党的十九大上，习近平总书记强调，基于我国社会主要矛盾已经转化为人民日益增长的美好生活需要和不平衡不充分的发展之间的矛盾这一事实，以及新发展理念的要求，我国经济已由高速增长阶段转向高质量发展阶段。

十一是建设现代化经济体系。2017 年 10 月，在党的十九大上，习近平总书记强调，建设现代化经济体系是跨越关口的迫切要求和我国发展的战略目标。

十二是构建以国内大循环为主体、国内国际双循环相互促进的新发展格局。2020 年 4 月 10 日，在中央财经委会议上，习近平总书记强调，要构建以国内大循环为主体、国内国际双循环相互促进的新发展格局。

十三是统筹发展和安全。2015 年 5 月 29 日，在中央政治局集体学习时，习近平总书记强调要牢固树立安全发展理念。2016 年 1 月 18 日，在省部级主要领导干部专题研讨班上，习近平总书记从四个方面分析了我们搞开放发展所面临的风险挑战。2018 年 1 月 5 日，在新进中央委员会的委员、候补委员和省部级主要领导干部研讨班上，习近平总书记从八个方面列举了十六个需要高度重视的风险。2019 年 1 月 21 日，在省部级主要领导干部坚持底线思维着力防范化解重大风险专题研讨班上，习近平总书记指出，要防范化解政治、意识形态、经济、对美经贸斗争、科技、社会、对外工作、党自身八个领域的重大风险并提出了明确要求，强调我们必须始终保持高度警惕，既要高度警惕“黑天鹅”事件，也要防范“灰犀牛”事件。

理念是行动的先导，一定的发展实践都是由一定的发展理念来引领的。我们党不断加强经济工作的顶层设计，突出强调战略谋划和集中统一领导的重要性，不断提高宏观经济决策的科学性。这其中，新发展理念是最重要、最主要的。新发展理念是一个系统的理论体系，回答了关于发展的目的、动力、方式、路径等一系列理论和实践问题，阐明了我们党关于发展的政治立场、价值导向、发展模式、发展道路等重大政治问题。

（三）加强党对经济工作的全面领导

习近平总书记强调：“能不能驾驭好世界第二大经济体，能不能保持经济社会持续健康发展，从根本上讲取决于党在经济社会发展中的领导核心作用发挥得好不好。”当前，世纪疫情和百年变局交织，我国发展的内部条件和外部环境正在发生深刻复杂变化。越是形势复杂、挑战严峻，越要发挥党中央集中统一领导的定海神针作用，加强党对经济工作的全面领导，确保中国经济巨轮始终沿着正确方向前进。

加强党对经济工作的全面领导，就要坚持和完善党领导经济社会发展的体制机制。经过这些年探索实践，我们党已形成一整套成熟的领导经济社会发展的体制机制。要认真贯彻党的十九届五中全会精神，在经济社会发展各领域各方面切实贯彻“两个维护”的要求，从体制机制上保证党在领导经济社会发展中把方向、谋大局、定政策、促改革，坚持和完善党中央关于经济社会发展重大决策部署贯彻落实的具体制度，为实现高质量发展提供根本保证。

加强党对经济工作的全面领导，就要不断提高贯彻新发展理念、构建新发展格局的能力和水平。要增强政治意识，提高政治站位，对国之大者心中有数，关注党中央在关心什么、强调什么，深刻领会什么是党和国家最重要的利益、什么是最需要坚定维护的立场，切实把增强“四个意识”、坚定“四个自信”、做到“两个维护”落到行动上，重视从讲政治的高度做经济工作，善于用政治眼光观察和分析经济社会问题，真抓实干把党中央决策部署贯彻到经济工作各方面。督查、督导等工作要规范进行，讲求实效。各级领导干部要提高专业化能力，努力成为领导构建新发展格局的行家里手，增强补课充电的紧迫感，干什么学什么、缺什么补什么，自觉赶上时代潮流。要抓好发展和安全两件大事，有效防范化解各类经济社会风险，高度重视安全生产和防灾减灾工作，坚决防范重特大事故发生。

二、必须坚持高质量发展

高质量发展是“十四五”乃至更长时期我国经济社会发展的主题，关系我国社会主义现代化建设全局。党的十九届六中全会通过的《中共中央关于党的百年奋斗重大成就和历史经验的决议》强调，必须实现创新成为第一动力、协调成为内生特点、绿色成为普遍形态、开放成为必由之路、共享成为根本目的的高质量发展，推动经济发展质量变革、效率变革、动力变革。

坚持以经济建设为中心是党的基本路线的要求，全党都要聚精会神贯彻执行，推动经济实现质的稳步提升和量的合理增长。找准发展中面临的矛盾，坚持问题导向，面向各个方面的主要制约，加快推动各方面工作转入高质量发展轨道。针对我国发展环境、条件、任务、要求等方面发生的新变化，党的十八届五中全会提出要树立和坚持创新、协调、绿色、开放、共享的发展理念。这五大发展理念，是在深刻总结国内外发展经验教训、深入分析国内外发展大势的基础上提出来的，集中反映了我们党对我国经济发展规律的新认识。新形势下发展不能穿新鞋走老路，不能再走大呼隆、粗放型发展的路子，必须完整、准确、全面贯彻新发展理念，构建新发展格局，推动高质量发展。

一是加快构建新发展格局。加快构建新发展格局是事关全局的系统性、深层次变革，是立足当前、着眼长远的战略谋划。目前，国民经济和产业循环不畅是我们面临的突出矛盾。要以科技创新作为畅通国内大循环的关键，集中力量打好关键核心技术攻坚战。要发挥我国超大规模市场优势，为新产品新技术新业态迭代提供应用场景，推动供应链产业链优化升级。要依托国内大循环吸引全球高质量的商品和资源要素，增强供应链黏性，稳定产业链布局，促进国内国际双循环更为畅通。要更好统筹发展和安全，牢牢守住安全底线。

二是深化供给侧结构性改革。我国经济运行面临的主要矛盾在供给侧，实现高质量发展关键在于提升供给体系的水平和质量，更好适应、引领和创造新需求。壮大实体经济，加快建设制造强国。要深化金融供给侧结构性改革，加强治理结构改革，提高金融体系服务实体经济的能力和水平，促进实体经济与金融协调发展，实现“科技—产业—金融”的高水平循环。适应数字化趋势，发展数字经济，推动传统产业技术改造，发展战略性新兴产业。要重视需求侧管理，坚持扩大内需这个战略基点，始终把扩大内需同深化供给侧结构性改革有机结合起来。适度超前进行基础设施建设。实施好区域协调发展战略，打造高质量发展增长极。要坚持“房子是用来住的、不是用来炒的”的定位，因城施策、分类指导，着力稳地价、稳房价、稳预期，落实好房地产市场长效机制，更好解决居民住房问题，促进房地产行业平稳健康发展和良性循环。

三是始终坚持改革开放。进入新发展阶段，推动实现高质量发展，面临的改革任务更为复杂艰巨，我们必须解放思想，以开拓精神和专业态度，推动改革开放在重点领域、关键环节取得重大突破。重点推动土地、金融、科技、数据等要素价格由市场决定，理顺煤、电等能源价格机制，鼓励绿色能源发展，围绕提高资源配置效率、畅通经济循环、增强有效激励来拓展改革的广度、深度。中国对外开放方针不会变，要推动我国对外开放由商品和要素流动型开放向规则等制度型开放转变，加快构建与国际通行规则相衔接的制度体系和监管模式。要把参与发达经济体市场竞争和引进发达经济体高技术高质量的直接投资，作为提高对外开放水平的重要方面。推进共建“一带一路”高质量发展，实现高质量引进来和高水平走出去。推动完善全球经济治理体系，高举经济全球化大旗，商谈和积极加入高水平自贸协定，推动形成更加紧密稳定的全球经济体系，与国内高质量发展形成正反馈效应。

三、必须坚持稳中求进

中央经济工作会议指出，经济工作要稳字当头、稳中求进，各地区各部门要担负起稳定宏观经济的责任，各方面要积极推出有利于经济稳定的政策，政策发力适当靠前。

（一）坚持稳中求进是基于对发展环境的深入分析

要深刻理解我国经济所处的历史方位和国内外环境，基于对发展环境深刻变化的科学判断，必须坚持稳字当头、稳中求进。

从国际看，当前，国际形势继续发生深刻复杂变化，百年变局和世纪疫情相互交织，经济全球化遭遇逆流，大国博弈日趋激烈，世界进入新的动荡变革期。习近平总书记指出，无论国际风云如何变幻，我们都要坚定不移做好自己的事情，不断做强经济基础，增强科技创新能力，提升综合国力。习近平总书记的讲话展现了稳中求进的定力之坚。

从国内看，2021 年，我国经济持续稳定恢复，实现“十四五”良好开局。同时，我国经济发展正面临需求收缩、供给冲击、预期转弱三重压力，困难和挑战明显增多。要把握当前经济恢复性增长的特征，就要坚持稳中求进。对比一些高速增长的经济体，经济大起后出现大落，往往一蹶不振，甚至掉入中等收入陷阱，宏观稳定是稀缺资源。我国从高速增长转向高质量发展是风险易发高发的时期，更需要积极和稳妥辩证统一。2022 年将召开党的二十大，这是党和国家政治生活中的一件大事，需要保持平稳健康的经济环境、国泰民安的社会环境、风清气正的政治环境。

从经济发展能力和条件看，我国已成为世界第二大经济体、第一大工业国、第一大货物贸易国、第一大外汇储备国，我国经济发展长期向好的基本面没有改变。我国制度优势显著，治理效能提升，人力资源丰厚，市场空间广阔，发展韧性强大，社会大局稳定，我国发展仍处于重要战略机遇期，稳字当头、稳中求进具有坚实基础，完全有能力实现经济平稳健康可持续发展。

专家学者

国内生产总值增长 5.5% 左右；城镇新增就业 1100 万人以上，城镇调查失业率全年控制在 5.5% 以内；居民消费价格涨幅 3% 左右……《政府工作报告》提出的 2022 年主要预期目标引发广泛关注。全国政协委员、中央党校（国家行政学院）马克思主义学院院长张占斌说："这些目标是稳妥的，符合各方面预期，也体现了稳字当头、稳中求进的基调，更加注重质的稳步提升和量的合理增长。"

（二）坚持稳中求进工作总基调具有重要方法论意义

坚持稳中求进工作总基调是我国经济持续健康发展的重要保证。习近平总书记指出：党的十八大以来，我们积极推进“五位一体”总体布局，逐步形成“四个全面”战略布局，初步确立了适应经济发展新常态的经济政策框架。归纳起来，我们着重抓了三件大事：第一，作出经济发展进入新常态的重大判断；第二，形成以新发展理念为指导、以供给侧结构性改革为主线的政策框架；第三，贯彻稳中求进工作总基调。坚持稳中求进工作总基调，是对党的十八大以来我国改革开放和社会主义现代化建设取得历史性成就原因的深刻总结，也是对以习近平同志为核心的党中央谋划和领导经济工作乃至改革开放和社会主义现代化建设成功经验的深刻揭示。

坚持稳中求进工作总基调具有重要方法论意义。坚持稳字当头、稳中求进，必须把握"稳"与"进"的辩证法："稳"为"进"赢得了空间和时间，"进"又提升了"稳"的效果和水平，二者相互联系、相得益彰，是做好经济工作的重要方法论。把高质量发展的实践推向前进，需要继续坚持稳中求进工作总基调。调整政策和推动改革要把握好时度效，坚持先立后破、稳扎稳打。要保持宏观大局稳定，把稳增长、调结构、推改革有机结合起来，保持战略定力和耐心，不能把长期目标短期化、系统目标碎片化，不能把持久战打成突击战，也不能把攻坚战打成消耗战。

资料链接

党的十八大以来，历次中央经济工作会议一以贯之的工作总基调：

2012 年，强调继续把握好稳中求进的工作总基调；

2013 年，强调坚持稳中求进工作总基调，把改革创新贯穿于经济社会发展各个领域各个环节；

2014 年，强调坚持稳中求进工作总基调，坚持以提高经济发展质量和效益为中心，主动适应经济发展新常态；

2015 年，强调坚持稳中求进工作总基调，坚持稳增长、调结构、惠民生、防风险，实行宏观政策要稳、产业政策要准、微观政策要活、改革政策要实、社会政策要托底的总体思路；

2016 年，强调坚持稳中求进工作总基调，继续深化供给侧结构性改革；

2017 年，强调稳中求进工作总基调是治国理政的重要原则，要长期坚持；

2018 年，强调坚持稳中求进工作总基调，坚持新发展理念，坚持推动高质量发展；

2019 年，强调坚持稳中求进工作总基调，坚持新发展理念，坚持以供给侧结构性改革为主线，坚持以改革开放为动力；

2020 年，强调坚持稳中求进工作总基调；

2021 年，强调坚持稳中求进工作总基调，完整、准确、全面贯彻新发展理念，加快构建新发展格局。

（三）积极推出有利于经济稳定的政策

坚持稳中求进工作总基调，“稳”的重点要放在稳住经济运行上，确保增长、就业、物价不出现大的波动，确保金融不出现区域性系统性风险。“进”的重点要放在调整经济结构和深化改革开放上，确保转变经济发展方式和创新驱动发展取得新成效。

一是积极的财政政策要提升效能。更加注重精准、可持续。要保证财政支出强度，加快支出进度。实施新的减税降费政策，强化对中小微企业、个体工商户、制造业、风险化解等的支持力度，适度超前开展基础设施投资。党政机关要坚持过紧日子。严肃财经纪律。坚决遏制新增地方政府隐性债务。

二是稳健的货币政策要灵活适度，保持流动性合理充裕。引导金融机构加大对实体经济特别是小微企业、科技创新、绿色发展的支持，促进中小微企业融资增量、扩面、降价。财政政策和货币政策要协调联动，跨周期和逆周期宏观调控政策要有机结合。实施好扩大内需战略，增强发展内生动力。

三是继续做好“六稳”“六保”工作，特别是保就业保民生保市场主体。市场主体承载着数亿人的就业创业，要继续面向市场主体实施新的减税降费，帮助他们特别是中小微企业、个体工商户减负纾困、恢复发展。抓好重点群体就业，落实落细稳就业举措。推动财力下沉，更好支持基层政府落实助企纾困政策和保基本民生、保工资、保运转。

四是深化重点领域改革。要深化供给侧结构性改革，重在畅通国内大循环，重在突破供给约束堵点。要实施科技体制改革三年行动方案，强化企业创新主体地位，深化产学研结合，更大激发市场活力和发展内生动力。要抓好要素市场化配置综合改革试点，调动地方改革积极性，鼓励各地因地制宜、主动改革。促进多种所有制经济共同发展，优化民营经济发展环境，依法保护各类市场主体产权和合法权益，政策要一视同仁、平等对待。扩大高水平开放，推动制度型开放，多措并举稳定外贸，保障产业链供应链稳定，加大吸引外资力度。

四、必须加强统筹协调

党的十八大以来，以习近平同志为核心的党中央坚持系统观念，统筹推进“五位一体”总体布局、协调推进“四个全面”战略布局，坚持系统谋划、统筹推进党和国家各项事业，根据新的实践需要，形成一系列新布局和新方略，带领全党全国各族人民取得了历史性成就。系统观念是马克思主义的重要认识论、方法论，是具有基础性的思想和工作方法，必须加强统筹协调，坚持系统观念。

我们党在带领人民建设社会主义的长期实践中，形成了许多关于协调发展的理念和战略。新中国成立前后，毛泽东同志就提出了统筹兼顾、“弹钢琴”等思想方法和工作方法。在《关于正确处理人民内部矛盾的问题》一文中，毛泽东同志进一步提出了“统筹兼顾、适当安排”的方针。改革开放后，邓小平同志针对新时期的新情况新问题，提出

“现代化建设的任务是多方面的，各个方面需要综合平衡，不能单打一”。在改革开放不同时期，邓小平同志提出了一系列“两手抓”的战略方针。党的十八大提出了中国特色社会主义事业“五位一体”总体布局，后来提出了“四个全面”战略布局，等等。

习近平总书记指出：“完整、准确、全面贯彻新发展理念，必须坚持系统观念，统筹国内国际两个大局，统筹‘五位一体’总体布局和‘四个全面’战略布局，加强前瞻性思考、全局性谋划、战略性布局、整体性推进。”要统筹中华民族伟大复兴战略全局和世界百年未有之大变局，立足国内，放眼世界，深刻认识错综复杂的国家局势对我国的影响，既保持战略定力又善于积极应变，既集中精力办好自己的事，又积极参与全球治理、为国内发展创造良好环境。要统筹疫情防控和经济社会发展，新冠肺炎疫情是经济社会发展最大的不确定性因素，毫不放松抓好“外防输入、内防反弹”，确保不出现规模性输入和反弹，精准做好疫情防控工作。要统筹发展和安全，贯彻落实总体国家安全观的要求，善于预见和预判各种风险挑战，做好应对各种“黑天鹅”“灰犀牛”事件的预案，不断增强发展的安全性。

加强统筹协调，坚持系统观念，为进一步完善宏观经济治理指明了方向。要掌握“弹钢琴”的艺术，制定和实施政策措施要坚持系统观念，遵循经济规律，以实践标准来检验。在统筹兼顾中突出发展重点，实现宏观经济政策协调，提高宏观经济治理的前瞻性和针对性。

一是坚持系统观念。系统观念是辩证唯物主义的重要认识论、方法论。进入新发展阶段，我们面临的改革发展稳定任务更加繁重，对坚持系统治理提出了更高要求。加强前瞻性思考。善于运用马克思主义立场观点方法，把历史、现实和未来发展贯通起来，把近期、中期和远期目标统筹起来谋划。加强全局性谋划。牢固树立大局意识，胸怀中华民族伟大复兴战略全局和世界百年未有之大变局，自觉从大局出发看问题，把本地区本部门的工作放到大局中进行思考和定位，做到坚持全国一盘棋，正确认识大局，坚决服从大局。加强战略性布局。紧盯实现奋斗目标的重大战略问题，聚焦重点领域和关键环节，统筹兼顾、综合平衡，突出重点、带动全局。加强整体性推进。在新发展阶段，各项工作都要从系统观念出发，全方位、全领域、全过程协调推进。

二是坚持法治思维。社会主义市场经济本质上是法治经济，经济秩序混乱多源于有法不依、违法不究，因此必须坚持法治思维、增强法治观念，依法调控和治理经济。必须大力推进全面依法治国，使党的主张通过法定程序成为国家意志、转化为法律法规，保证人民在党的领导下通过各种途径和形式管理国家事务、管理经济和文化事业、管理社会事务，在宏观经济治理过程中有效体现人民意志、保障人民权益、激发人民创造力。依法保护产权、维护公平竞争的市场秩序，为市场主体提供公正、稳定、可预期的法治环境。

三是坚持以改革促发展。改革开放既是中国的基本国策，也是今后推动中国发展的根本动力。必须坚持全面深化改革，不断化解经济发展中的结构性、体制性矛盾，着力打通堵点，贯通生产、分配、流通、消费各环节。坚持以供给侧结构性改革为主线，以创新驱动、高质量供给引领和创造新需求，提高供给体系对国内需求的适配性。扫除阻碍国内大循环和国内国际双循环畅通的制度、观念和利益羁绊，破除妨碍生产要素市场化配置和商品服务流通的体制机制障碍，推动形成高效规范、公平竞争、充分开放的国内统一大市场，促进社会生产力实现大发展。

四是坚持综合施策。经济社会发展是一个系统工程，完善宏观经济治理必须坚持综合施策，从历史和全局的高度构建目标优化、分工合理、高效协同的宏观经济治理政策与制度体系，创新宏观调控思路和方式，实现财政政策和货币政策协调联动、跨周期和逆周期宏观调控政策有机结合、微观政策持续激发市场主体活力、结构政策着力畅通国民经济循环、科技政策扎实落地、改革开放政策激活发展动力、区域政策增强发展平衡性协调性、社会政策兜住兜牢民生底线。通过综合施策，汇聚政策合力，力争实现各项政策措施的综合效果最优化，为经济社会持续健康发展提供有力保证。

五、提高领导经济工作专业能力

功以才成，业由才广。全面建设社会主义现代化国家，必须有一支政治过硬、具备领导现代化建设能力的干部队伍。随着我国发展领域不断拓宽、分工日趋复杂、形态更加高级、国际国内联动更加紧密，对党领导发展能力和水平提出了更高要求。

领导经济工作专业能力十分重要。无论是分析形势还是作出决策，无论是破解发展难题还是解决涉及群众利益的问题，都需要专业思维、专业素养、专业方法。那种习惯于拍脑袋决策、靠行政命令或超越法律法规制定特殊政策的做法，已经很难适应新形势新任务需要。各级领导干部要加强学习，加强教研思考，加强实践历练，增强把握和运用市场经济规律、社会发展规律的能力，要更加自觉地运用法治思维和法治方式来深化改革、推动发展、化解矛盾、维护稳定，依法治理经济，依法协调和处理各种利益问题，努力成为领导经济社会发展的行家里手。

一是必须尊重客观实际和群众需求。习近平总书记曾点出了一段时期以来一些地方开展工作中出现的一些问题。例如，一些地方的农村改厕大搞形式主义、官僚主义，造成大量厕所存在问题。这些问题都说明了一个道理，领导经济工作必须尊重客观实际和群众需求，必须有系统思维、科学谋划。要深刻认识到，经济社会发展是一个系统工程，必须综合考虑政治和经济、现实和历史、物质和文化、发展和民生、资源和生态、国内和国际等多方面因素。必须学习历史知识、厚植文化底蕴、强化生态观念。要更加注重对国内外经济形势的分析和预判，完善决策机制，注重发挥智库和专业研究机构作用，提高科学决策能力，确保制定的重大战略、出台的重要政策措施符合客观规律。

二是加强经济学知识、科技知识学习。在新时代，我们面临着科技革命蓬勃发展、信息技术日新月异的发展态势，我国经济社会发展面临许多新问题、新变化。领导干部不学习，就跟不上时代步伐。加强学习，才能担负好稳定宏观经济的责任，制定实施有利于经济稳定的政策措施。要加强经济学知识、科技知识学习，正确认识和把握实现共同富裕的战略目标和实践途径、资本的特性和行为规律、初级产品供给保障、防范化解重大风险、碳达峰碳中和等新的重大理论和实践问题，更好地发现变局中的规律、现象后的本质，更好地领会党中央各项决策部署的精神实质，把新发展理念落实到具体工作中，贯彻新思路、应对新挑战、引领新变革。

三是悟透以人民为中心的发展思想。坚持以人民为中心的发展思想，这是马克思主义政治经济学的根本立场。必须坚持以人民为中心的发展思想，坚持发展为了人民、发展依靠人民、发展成果由人民共享。树立正确的政绩观，把人民放在心中最高位置，把为民办事、为民造福作为最重要的政绩，把为老百姓做了多少好事实事作为检验政绩的重要标准。树立正确的发展观、现代化观，扎实推动共同富裕。努力推动经济高质量发展。

四是努力做到“致广大而尽精微”。干事业做工作大方向要正确，重点要明确，战略要得当，同时要把控好细节，把政治经济、宏观微观、战略战术有机结合起来，做到谋划时统揽大局、操作中细致精当，防止因为“细节中的魔鬼”损害大局。领导干部要提高抓落实能力，要加强调查研究，把思想和行动统一到中央经济工作会议精神上来。没有广大党员、干部的积极性和执行力，再好的政策措施也会落空。各级领导干部要自觉践行“三严三实”。敬畏历史、敬畏文化、敬畏生态，以严的要求和实的作风抓部署、抓落实、抓督查，增强改革创新精神，增强主动担当、积极作为的勇气，充分发挥模范带头作用，坚决防止简单化、乱作为，坚决反对不担当、不作为。

12 加快建设现代化经济强省、美丽河北

——“六个现代化河北”锚定宏伟奋斗目标

2021 年 11 月 29 日，中国共产党河北省第十次代表大会胜利闭幕。大会审议通过的九届省委报告，全面回顾了 5 年来河北省各项事业发生的历史性新变化，系统总结了丰富实践带来的深刻启示，明确提出了加快建设现代化经济强省、美丽河北的奋斗目标、战略举措、重点任务，特别是提出的“六个现代化河北”描绘了河北省未来发展的宏伟蓝图。

“六个现代化河北”是河北省第十次党代会确定的奋斗目标，鲜明、有力地回答了建设什么样的现代化河北、怎样建设现代化河北这一重大问题。提出“六个现代化河北”是全面落实习近平总书记对河北省重要指示批示，确保国家战略和国家大事落地见效的需要；是坚定不移贯彻新发展理念，实现河北省高质量发展的需要；是统筹推进“五位一体”总体布局，形成新的发展格局的需要。“六个现代化河北”的奋斗目标鼓舞人心，“两翼两区三群六带”发展布局催人奋进。

知识链接

实现上述目标，必须置身国家区域协调发展战略大格局，着眼解决区域发展不平衡不充分问题，发挥比较优势，突出区域联动，形成“两翼、两区、三群、六带”的发展布局。

“两翼”：即以建设雄安新区疏解北京非首都功能集中承载地，带动冀中南乃至整个河北省发展，以筹办北京冬奥会为契机推进张家口市高质量发展；

“两区”：即建设首都水源涵养功能区，建设京津冀生态环境支撑区；

“三群”：即建设以首都为核心的世界级城市群，建设环渤海港口群，建设和融入京津冀机场群；

“六带”：即建设大运河文化带，建设京张体育文化旅游带，建设太行山—燕山生态保护和绿色发展带，建设沿海经济崛起带，建设石保廊创新发展引领带，建设冀中南转型升级示范带。

一、加快建设“两翼”带动、协同发展的现代化河北

京津冀协同发展、雄安新区规划建设、北京冬奥会筹办是习近平总书记亲自谋划、亲自部署、亲自推动的重大国家战略和国家大事，是党中央赋予河北省的重大使命。河北省第十次党代会提出，加快建设“两翼”带动、协同发展的现代化河北，“三区一基地”功能定位全面落实，创造“雄安质量”，打造贯彻落实新发展理念的创新发展示范区，承接北京非首都功能疏解向纵深推进，成功举办北京冬奥会并带动张北地区高质量发展，区域协调发展取得重大进展。

近年来，河北省委、省政府坚决扛起政治责任和历史使命，举全省

之力推动“三件大事”齐头并进。京津冀协同发展“红利”惠及燕赵大地；雄安新区进入承接北京非首都功能疏解和大规模建设同步推进的关键阶段，启动区城市框架逐渐拉开；乘冬奥“东风”加快打造全省发展重要一翼，努力交出冬奥会筹办和本地发展两份优异答卷，打造高质量发展动力源，为河北省发展带来前所未有重大机遇和战略支撑。

一是雄安新区建设发展成效显著。新区“四纵三横”高速公路网全面建成。重点片区和工程建设热火朝天、日新月异，2021 年，新区完成投资 1104 亿元，容东片区 939 栋安置房相继交付入住。中化控股、中国星网等央企落户新区，北京援建“三校一院”项目顺利推进。白洋淀淀区水质多年来首次达到Ⅲ类，千年秀林累计造林 43.5 万亩，雄安郊野公园建成开放，蓝绿交织、水城共融的生态画卷日益显现。出台施行《河北雄安新区条例》《白洋淀生态环境治理和保护条例》，以法治护航未来之城高质量建设发展。

二是冬奥会筹办全面就绪。2021 年，全省落实“简约、安全、精彩”办赛要求，所有场馆和配套设施高质量完成，“雪如意”“冰玉环”等标志性工程获国际奥委会高度赞誉。强化疫情防控，赛事组织和服务保障工作全部到位，系列测试赛顺利举办。竞技备战全力冲刺，参与冰雪运动人数超过 3000 万。冰雪产业蓬勃发展。冬奥氛围持续升温，我们正张开双臂拥抱世界，期待共赴冰雪之约，共逐冬奥梦想。

数据链接

在北京第 24 届冬季奥林匹克运动会上，中国体育健儿拼搏竞进、追求卓越、捷报频传，勇夺 9 金 4 银 2 铜，中国体育代表团位居金牌榜第三，创造了自 1980 年参加冬奥会以来的历史最佳战绩。本届冬奥会，张家口赛区一共产生 51 块金牌，是本届冬奥会诞生冠军最多的赛区。中国体育健儿在张家口赛区共获得 5 枚金牌、3 枚银牌。国际奥委会主席巴赫说：“北京冬奥会开启了冬奥历史新篇章，中国已经成为世界冰雪运动的重要国家之一，河北在这一伟大历史进程中发挥了重要作用。”

全省以省市县三级冰雪运动会为牵引，广泛发动城乡群众、广大青少年和学生参与冰雪运动，圆满实现了“全省3000万人参与冰雪运动”的目标，为落实习近平总书记“带动三亿人参与冰雪运动”重要指示精神发挥了积极作用。

三是京津冀协同发展取得新进展。紧紧扭住疏解北京非首都功能“牛鼻子”，举全省之力推动重大国家战略落地见效。2021年，82项年度重点任务全部完成。成功举办“央企河北行”等活动。京沈客专京承段开通运营，京雄、京德高速公路建成通车。张家口首都“两区”建设加快推进。北京大兴国际机场临空经济区廊坊片区完成投资304亿元。廊坊北三县与北京通州区一体化发展步入快车道，北运河廊坊段与北京段同步旅游通航。

加快建设现代化经济强省、美丽河北，要持续举全省之力办好“三件大事”，必须置身国家区域协调发展战略大格局，必须坚定不移推动重大国家战略和国家大事落地见效。

一是扎实推进京津冀协同发展。紧紧围绕疏解北京非首都功能，不断拓展京津冀协同发展新格局。持续推进交通、产业、生态等重点领域率先突破，加快廊坊北三县与北京通州区融合发展，完善三地对接合作长效机制，推动京津冀协同发展向广度深度拓展。落实京冀、津冀战略合作协议，加快建设全国现代商贸物流重要基地、产业转型升级试验区、新型城镇化与城乡统筹示范区、京津冀生态环境支撑区。积极承接产业转移，加强曹妃甸区、正定新区等重点平台建设，力促一批重大产业项目竣工达产。加快北京大兴国际机场临空经济区廊坊片区建设。强化交通互联互通，谋划组建京津冀陆海空港联盟，提升京津冀机场群协同水平，推进石衡沧港、津兴、长邯聊等项目建设，力促雄商、雄忻高铁尽早开工，京唐城际、遵秦高速建成通车。加强生态环境联建联防联治，抓好潮白河流域治理保护，推进京津冀协同发展生态保护和修复等生态工程，建设首都水源涵养功能区和京津冀生态环境支撑区。推进公共服务共建共享，推动京津优质教育、医疗、文化、康养、体育资源向河北延伸布局和落地。加快京津冀高校联盟建设，抓好国家区域医疗中心试点。支持服务北京城市副中心建设，创建廊坊北三县与通州区一体化高质量发展示范区。

二是高标准高质量建设雄安新区。紧紧围绕创造“雄安质量”和建设贯彻落实新发展理念的创新发展示范区，扎实推动雄安新区标志性疏解项目落地，加快推进启动区、起步区和重点片区建设，加大新区体制机制创新力度，努力打造现代城市建设的典范和高质量发展全国样板。同步推进承接北京非首都功能疏解和大规模开发建设。主动对接疏解清单，积极稳妥有序承接高校、医疗机构、企业总部、金融机构、科研院所、事业单位。积极稳妥和科学精准落实规划体系，统筹抓好启动区等重点片区、重大工程项目建设。完善起步区各组团控详规，加快启动区、起步区等重点片区建设，推进东西轴线、R1线等重大项目，深化体制机制改革创新，加速打造新区城市雏形创新土地、投融资等体制机制，打造数字城市、智慧城市。布局一批国家级创新平台，建设空天技术产业基地、创新产业中试基地。持续推进千年秀林和城市公园绿地建设。加强白洋淀全流域治理修复，淀区水质稳定达到Ⅲ类，展现“华北明珠”碧波荡漾的美丽画卷。推动新区向城市管理体制过渡，建设法治雄安、廉洁雄安和未来之城。构建雄安研发和全省转化融合发展的格局，更好地发挥雄安辐射带动作用。

三是因势发展后奥运经济。习近平总书记强调：“北京冬奥会、冬残奥会既有场馆设施等物质遗产，也有文化和人才遗产，这些都是宝贵财富，要充分运用好，让其成为推动发展的新动能，实现冬奥遗产利用效益最大化。”要深入推进冰雪运动发展，加快首都“两区”建设，强化战略规划布局，建设利用好冰雪场地设施，丰富群众冰雪赛事活动，把群众冰雪运动热情保持下去。加强场馆赛后综合利用，建好国家冰雪运动装备生产基地，建设张家口可再生能源示范区、氢能产业示范城市，推动冰雪运动、冰雪事业、冰雪产业融合发展，交出冬奥会筹办和本地发展两份优异答卷。努力把张北地区打造成为河北发展的新引擎。

知识链接

冬奥会为地区发展赋能，冬奥会的筹办举办为北京、河北等地带来新机遇，为京津冀协同发展注入新活力。

筹办举办冬奥会改变了人们的生活方式，带来更多生态福祉。张家口市崇礼区老百姓过去冬天取暖主要靠煤，在筹办冬奥会过程中，当地改用更环保的新型固体蓄热电锅炉，一个供暖季可减排二氧化碳 10 万多吨。

筹办举办冬奥会促进了产业结构转型，绿色成为发展底色。北京冬奥会全部场馆 100% 使用清洁能源，这些能源主要来自张家口。张北等坝上地区风力、太阳能资源丰富，冬奥带动当地可再生能源产业跃上新台阶。“冰丝带”拥有亚洲最大的人工冰面，碳排放趋近于零；雪上赛场“智能造雪”，可节约水资源消耗约 20%；“张北的风点亮北京的灯”，奥运史上首次实现所有场馆“绿电”全覆盖……从北京冬奥会的生动实践，国际社会看到了“中国用绿色描绘未来的创新力和行动力”。

筹办举办冬奥会激发了发展新动能，为张家口推开高质量发展之门。崇礼引导矿企有序退出，建起 7 家大型滑雪场，利用得天独厚的自然条件发展冰雪旅游。滑雪、旅游等第三产业占全区 GDP 的六成，成了“冰天雪地也是金山银山”的生动写照。2015 年贫困发生率曾达 16.81% 的崇礼，已如期脱贫摘帽。从冰雪运动到冰雪旅游，再到冰雪装备产业，冬奥会为张家口打开新的发展路径。张家口把 2022 年确定为“奥运经济推进年”，借着冬奥会的“东风”，聚力京津冀协同发展，新机遇已经来临。

二、加快建设创新驱动、跨越赶超的现代化河北

创新是引领发展的第一动力。当今世界，经济社会发展越来越依赖于理论、制度、科技、文化等领域的创新，国际竞争新优势也越来越体现在创新能力上。习近平总书记高度重视科技创新，强调要面向世界科技前沿、面向经济主战场、面向国家重大需求、面向人民生命健康，完善国家创新体系，加快建设科技强国，实现高水平科技自立自强。

河北省第十次党代会提出，加快建设创新驱动、跨越赶超的现代化河北。创新型河北建设取得实质性突破，高水平科技自立自强迈出新步伐，创新能力和科技研发投入强度显著提升，先进制造业、战略性新兴产业、数字经济加快发展，传统产业提质增效，市场化改革、高水平开放向更高层次迈进，高质量发展现代经济体系更加完善，综合经济实力和竞争力跃上新的台阶。

2021 年，全省持之以恒育主体、建平台，坚持科技自立自强，创新驱动发展势头强劲。一是自主创新能力稳步提升。实行“揭榜挂帅”机制，实施电子信息、新能源、新材料等领域 22 个专项。17 项科研成果获国家科学技术奖，15 个项目获中国专利奖。二是创新主体平台增多做强。新增国家高新技术企业 1500 家、省级科技型中小企业超 6000 家。新增省级研发平台 259 家、院士工作站 9 家。三是成果转化步伐加快。与京津共设科技专项，吸纳京津技术合同成交额超 300 亿元、增长 40%以上，全省技术合同成交总额超 1000 亿元。举办省创新创业大赛等活动，新增省级以上孵化器、众创空间、星创天地 127 家。省内“分类施策推动县域科技创新”做法获国务院通报表扬。

党的十九届五中全会提出，坚持创新在我国现代化建设全局中的核心地位，把科技自立自强作为国家发展的战略支撑。着力建设科技强省，必须坚持立足新发展阶段，完整准确全面贯彻新发展理念，构建新

发展格局。推动创新发展实现新突破，要落实国家科技体制改革三年行动方案，优化科技创新生态，加快建设创新驱动、跨越赶超的现代化河北。

一是加快实施科教强省战略。推动形成依靠创新驱动的内涵式增长。整合科技教育和创新资源，推进科研院所和高等学校科研力量优化配置和共建共享。加强“双一流”建设，加快高等教育和职业教育发展，造就更多科技领军人才和创新团队，积极推进校企融合，培养更多高素质技术技能人才、能工巧匠、大国工匠。深化基础研究行动，提升原始创新和自主创新能力，瞄准人工智能、集成电路、量子信息、生命科学等前沿领域，攻克“撒手锏”，填补国内空白，创造世界一流。全力打造协同创新共同体，加快科技成果孵化转化。强化企业创新主体地位，培育发展一批高新技术企业、科技型中小企业和技术战略联盟，大力培育发展科技领军企业，支持企业扩大研发投入和建设科研中心，提高全社会研发经费投入强度，推进科技创新跨越式发展。

二是打好关键核心技术攻坚战。整合创新资源，增加全社会研发经费投入。落实基础研究行动计划，推进科研院所和高等学校科研力量优化配置、共建共享，实施装备制造、新材料等重点科技专项，加快突破一批产业关键共性技术，抢占未来发展制高点。

三是打造高能级创新平台。开展重大平台创新资源集聚行动，谋划组建河北省实验室，布局建设一批河北基础学科研究中心，争创国家技术创新中心，支持科技领军企业牵头组建创新联合体。推进承德国家可持续发展议程创新示范区建设。强化企业创新主体地位，培育一批科技型中小企业，加速建设科技领军企业。

四是加快科技成果孵化转化。推进京津冀协同创新共同体建设，共建京津冀技术创新中心，打造一批技术转移机构、中试熟化基地。实施场景驱动行动，推动5G、新能源等新技术示范应用。建设项目评估、成果评价平台，促进科技成果市场化融资和交易转化。

五是全方位培养引进用好人才。实施创新人才推进计划、燕赵青年科学家计划，加强与中国科学院、中国工程院、央企研究机构全面合作，大力引进一批院士和高端科研团队，集聚一批产业“高精尖缺”人才，培育一批青年科技人才。完善科技人才培养使用、评价激励机制，推动形成扎实的科研作风，广纳创新英才，共赢创新未来。

三、加快建设绿色低碳、生态优美的现代化河北

我国现代化是人与自然和谐共生的现代化。我国现代化注重同步推进物质文明建设和生态文明建设，走生产发展、生活富裕、生态良好的文明发展道路，既要创造更多物质财富和精神财富以满足人民日益增长的美好生活需要，也要提供更多优质生态产品以满足人民日益增长的优美生态环境需要。

河北省第十次党代会提出，加快建设绿色低碳、生态优美的现代化河北。始终坚持绿水青山就是金山银山的理念，山水林田湖草沙系统治理一体推进，城乡人居环境明显改善，污染物排放总量持续减少，地下水实现采补平衡并不断回升，塞罕坝二次创业取得新成果，碳达峰碳中和积极有效推进，京津冀生态安全屏障更加牢固。

2021 年，全省践行绿水青山就是金山银山理念，深入打好污染防治攻坚战，持续改善生态环境质量，绿色低碳发展迈入新轨道。一是蓝天碧水净土保卫战取得突破性进展。强力实施大气污染综合治理“十条措施”，农村“双代”工作走在全国前列，清洁取暖累计改造量占全国 50% 以上，邢台、邯郸、石家庄退出全国重点城市空气质量“后十”，全省 PM2. 5 平均浓度 38. 8 微克/立方米、下降 15. 3%，蓝天白云越来越多。国考地表水断面优良比例 73%，近岸海域水质优良比率达到 98. 7%。受污染耕地、建设用地治理管控实现全覆盖。二是生态保护修复扎实开展。压减地下水超采量 8. 8 亿立方米，完成生态补水 60. 6 亿立方米、营造林 630 万亩，退化草原修复治理 42. 3 万亩。新增 5 家国家生态文明建设示范区和“两山”实践创新基地。塞罕坝林场荣获联合国

“土地生命奖”。三是碳达峰碳中和工作有序推进。出台碳达峰碳中和实施意见，严格落实能源消费总量和强度“双控”制度，单位GDP能耗下降5%以上、二氧化碳排放下降5.8%。可再生能源新增并网装机743万千瓦。

数据链接

2013年秋天，习近平总书记在参加河北省委常委班子专题民主生活会时严肃指出：“全国10个污染最严重城市河北占了7个。再不下决心调整结构，就无法向历史和人民交代。”2020年，全省有4个城市在全国168个重点城市中空气质量综合指数排名处于后十位。2021年，河北平均优良天数达到了269天，比2013年增加了120天。邢台、邯郸、石家庄退出全国重点城市空气质量“后十”。据监测数据显示，2021年，邢台、邯郸、石家庄、唐山空气质量综合指数分别为4.73、4.81、4.89、5.00，分别同比下降18.4%、19.8%、18.2%、16.4%；邢台排名倒23，退出全国“后二十”；邯郸、石家庄分别排名倒15、并列倒12，退出全国“后十”；唐山排名倒8，同比提升4个位次。

加快建设现代化经济强省、美丽河北，必须全力打造天蓝、地绿、水秀的优美生态环境。深入贯彻习近平生态文明思想，坚持“绿水青山就是金山银山”的理念，扎实推进经济社会发展全面绿色转型，深入打好污染防治攻坚战，统筹抓好山水林田湖草沙系统治理，积极稳妥推进碳达峰碳中和，让燕赵大地蓝天常有、青山长在、绿水长流，更好造福人民群众。

一是持续打好蓝天碧水净土保卫战。强化大气污染区域治理，开展工业污染治理提档升级、重型柴油车清洁替代等专项行动，加快重污染企业退城搬迁，实现重点城市空气质量稳定“退后十”。强化水污染流域治理，全面消除城市和农村黑臭水体，实施入海河流和近岸海域水质提升专项行动，打造美丽河湖、美丽海湾。强化土壤污染属地治理，严格源头防控，启动无废城市建设。

二是统筹山水林田湖草沙一体治理修复。实施大规模国土空间绿化工程，完成营造林和修复退化草原目标任务。继续压减地下水超采量。实施生态补水，改善河湖水生态环境。加强矿山修复和采煤沉陷区治理。支持塞罕坝“二次创业”，统筹防火和旅游，打造生态文明建设基地。加强自然保护地建设，保护生物多样性。争创国家生态文明示范区和“两山”实践创新基地。

三是稳妥有序推进碳达峰碳中和。加快调整产业、能源、交通运输结构，遏制“两高”项目盲目发展，推动能耗“双控”向碳排放总量和强度“双控”转变。强化煤炭清洁高效利用，积极发展风电、光电、氢能。推动新型储能发展。抓好重点行业绿色低碳改造，创建一批绿色工厂、绿色园区。推进用能权、排污权交易改革。提升生态系统碳汇能力。实施全面节约战略，加快生产生活方式绿色转型。

四、加快建设文化教育体育繁荣、精神文明的现代化河北

我国现代化是物质文明和精神文明相协调的现代化。习近平总书记指出，一个民族的复兴需要强大的物质力量，也需要强大的精神力量。没有先进文化的积极引领，没有人民精神世界的极大丰富，没有民族精神力量的不断增强，一个国家、一个民族不可能屹立于世界民族之林。我国现代化坚持社会主义核心价值观，加强理想信念教育，弘扬中华优秀传统文化，增强人民精神力量，促进物的全面丰富和人的全面发展。国家强盛、民族复兴需要物质文明的积累，更需要精神文明的升华。

河北省第十次党代会提出，加快建设文化教育体育繁荣、精神文明的现代化河北。习近平新时代中国特色社会主义思想深入人心，社会主义核心价值观融入社会发展各方面，文化教育卫生事业和文化体育康养

产业发展活力迸发，人民思想道德素质、科学文化素质和身心健康素质明显提升，文化强省、教育强省、健康河北建设实现新进步。

2021 年，全省高度重视精神文明建设，文化教育体育事业和文化产业繁荣发展。全省把精神文明建设摆在全局中的突出位置谋划推进，纳入河北省“十四五”规划，精神文明建设实现高质量发展。推进义务教育均衡发展，深入开展义务教育校内课后服务，认真落实义务教育阶段“双减”政策，解决小学“三点半”难题做法在全国推广。新改扩建公办幼儿园 523 所，实现城乡幼儿园全覆盖。新高考“首考”平稳落地。我省体育健儿在东京奥运会、残奥会上创历史最好成绩，金牌数分列全国第三和第二位。大运河文化带传承保护利用、太行红河谷文化旅游经济带建设有序实施。成功举办首届“一带一路”·长城国际民间文化艺术节、第六届河北省旅发大会、第十八届中国吴桥国际杂技艺术节等重大文旅活动。

文化兴则国家兴，文化强则民族强。建设文化教育体育繁荣、精神文明的现代化河北，要大力弘扬社会主义核心价值观，推动文化事业和文化产业繁荣发展。实施文化惠民工程，丰富群众精神文化生活。大力弘扬中华优秀传统文化，加快长城、大运河等国家文化公园建设。深化文化体制改革，发挥旅游产业发展大会作用，促进文旅融合和带动产业发展。全面提升人民思想道德、科学文化、身心健康素质。

一是在全社会大力弘扬和践行社会主义核心价值观。广泛开展群众性精神文明创建活动。完善城乡公共文化服务体系，实施文化惠民工程，倡导全民阅读，推出一批精品力作。号召全社会行动起来，通过教育引导、舆论宣传、文化熏陶、实践养成、制度保障等，使社会主义核心价值观内化为人们的精神追求、外化为人们的自觉行动。

二是努力办好人民满意的教育。落实立德树人根本任务，办好各级各类教育。着力构建优质均衡的基本公共教育服务体系、产教融合的现代职业教育体系、开放多元的高等教育体系、服务全民的终身教育体系。在高等教育方面，全省将集中资源加强“双一流”建设，支持燕山大学、河北大学等建设“双一流”高校，加强高校分类管理，推动普通本科高校向应用技术型转型。职业教育方面，将实施职业教育提质培优工程，抓好高职“双高”和中职“双优”建设，重点建设一批高水平高职学校和高水平专业群，培育建设一大批优质中职学校。基础教育方面，实施义务教育学校薄弱环节改造与能力提升工程，实施县域普通高中振兴计划。提升学前三年毛入园率，深入落实“双减”政策，新建、改扩建中小学教学用房。

三是壮大文旅产业。大力实施社会文明促进和提升工程，聚力繁荣新时代艺术创作、加强文化资源挖掘保护传承利用、推进城乡公共文化服务体系一体建设、健全现代文化产业体系、深化文旅融合创新发展，高水平办好“一带一路”·长城国际民间文化艺术节，讲好中国故事、河北故事，促进河北省文化艺术交流合作，扩大河北省影响力和知名度，加快建设文化强省。发挥旅发大会示范带动引领作用，精心培育文化和旅游重大平台，打造长城、大运河国家文化公园，京张体育文化旅游带，太行红河谷文化旅游经济带等枢纽型文化和旅游重大项目。坚持以文塑旅、以旅彰文，深度推动文旅融合创新发展，大力开发文创产品和文旅商品，推动文化艺术进景区。大力推动产业融合，积极发展冰雪旅游、体育旅游、工业旅游、康养旅游、研学旅游，推动红色旅游与研学旅游、乡村旅游融合发展，打造多元化新业态产品。强化科技赋能文旅发展，拓展河北省文化和旅游云系统，构建公共数字文化和旅游服务体系。

四是加快文化体育强省建设。加大体育场馆向社会开放力度，更新健身设施，支持举办省运会。推进健康河北建设，深化疾控体系改革，建强公共卫生体系。加快省级区域医疗中心建设，抓好医联体提标扩能，构建15分钟就医圈。推动中医药传承创新发展，壮大中医药产业集群，培育一批“冀药”品牌，建设中医药强省。

政策传真

如何完善全民健身公共服务体系？

据河北省体育局介绍，今后五年，全省将构建更高水平全民健身公共服务体系，更好满足群众健身健康需求。深入实施全民健身场地设施“1245”民生工程，即建设、更新贴近社区乡村、方便可达的健身场地设施1万处，建设足球场200片、篮球场400片、健身步道500公里。打造一批全民健身模范市、模范县（市、区）和一批模范乡镇。广泛开展全民健身赛事活动，构建以全民健身大会、全民健身联赛、社区运动会、农村体育赛事活动为重点的全民健身赛事活动体系。建立常态化培训机制，培训社会体育指导员6600名。

五、加快建设共同富裕、普惠共享的现代化河北

我国现代化是全体人民共同富裕的现代化。共同富裕是中国特色社会主义的本质要求，我国现代化坚持以人民为中心的发展思想，自觉主动解决地区差距、城乡差距、收入分配差距，促进社会公平正义，逐步实现全体人民共同富裕，坚决防止两极分化。

河北省第十次党代会提出，加快建设共同富裕、普惠共享的现代化河北。脱贫攻坚成果巩固拓展，乡村振兴全面推进，城乡融合发展体制机制更加健全，居民收入水平明显提升，多层次社会保障体系更加完善，基本公共服务均等化水平持续提高，不断满足人民对美好生活的向往。

过去五年，全省上下把逐步实现全体人民共同富裕摆在更加重要的位置上，打赢脱贫攻坚战，如期全面建成小康社会，采取有力措施保障和改善民生，为促进共同富裕创造了良好条件。一方面，打赢脱贫攻坚战。全省认真贯彻习近平总书记“扎扎实实推进脱贫攻坚”的重要指

示，科学精准推进产业扶贫、就业扶贫、科技扶贫和易地搬迁扶贫，推进巩固拓展脱贫攻坚成果同乡村振兴有效衔接。贫困地区和革命老区发生翻天覆地的变化，脱贫地区农村居民人均可支配收入由2015年的7575元增长到2020年的12712元，年均增长10.9%，老百姓的日子越过越红火。另一方面，在发展中不断改善民生。2021年，全省生产总值突破4万亿元、增长6.5%，一般公共预算收入增长8.9%，居民人均可支配收入增长8.3%，全省财政民生支出占一般公共预算支出80.8%。20项民生工程和10件民生实事全部完成。城镇新增就业92.5万人。新改扩建公办幼儿园523所。棚户区改造开工11万套，城中村改造启动459个，老旧小区改造3057个、总量居全国第二。提高退休人员基本养老金、城乡低保平均标准。全省基本医保参保人数增加287.4万人，省内异地就医实现直接结算。"四医联动"改革不断深化，全省所有乡镇卫生院和村卫生室实现一体化管理。加快完善城乡养老服务体系，实现社区日间照料全覆盖。退役军人服务管理工作走在全国前列。

在全面建设社会主义现代化国家新征程中，必须把促进全体人民共同富裕摆在更加重要的位置。加快建设现代化经济强省、美丽河北，必须推进全体人民共同富裕取得实质性进展。必须紧紧依靠人民创造历史，坚持民生连着民心、民心是最大的政治，滚动实施民生工程和办好民生实事，持续实施20项民生工程，加快补齐民生领域短板，不断提升教育、就业、收入、医疗、养老、社保、住房等社会事业发展水平，让人民群众获得感、幸福感、安全感更加充实、更有保障、更可持续。着力创造高品质生活，推动共同富裕迈出坚实步伐。坚持尽力而为、量力而行加快建设共同富裕、普惠共享的现代化河北。

一是提高就业质量和居民收入水平。实施就业促进工程，抓好高校毕业生、农民工、退役军人等重点群体就业。开展提升就业服务质量行动。鼓励创业带动就业，打造"河北福嫂·燕赵家政"等一批劳务品牌。深化收入分配制度改革，完善收入持续增长机制，扩大中等收入群体，多渠道增加居民收入。

二是完善多层次社会保障体系。推进社保扩面提质，完善工伤保险省级统筹制度，抓好失业保险省级统筹。提高退休人员基本养老金。完善低保标准动态调整机制，分层分类做好社会救助。提高养老育幼水平，发展普惠性、互助型养老。实施精准助残工程。落实三孩生育政策和配套措施，开展孕妇无创产前基因免费筛查，打造省级婴幼儿照护服务示范机构。持续改善居住条件，坚持“房子是用来住的、不是用来炒的”的定位，加快发展长租房市场，推进保障性住房建设，因城施策促进房地产业良性循环和健康发展。

三是全面推进乡村振兴。促进共同富裕，最艰巨、最繁重的任务仍然在农村。全面落实国家“三农”政策，持续巩固拓展脱贫攻坚成果，着力深化农业供给侧结构性改革，有效激发农村资源要素活力，不断改善农村人居环境，扎实推进乡村全面振兴。加快农业产业化，盘活农村资产，增加农民财产性收入，使更多农村居民勤劳致富。要把公共基础设施建设的重点放在农村，推进城乡基础设施共建共享、互联互通，推动农村基础设施建设提挡升级，特别是加快道路、农田水利、水利设施建设，完善管护运行机制。

知识链接

2022 年是全省连续第 5 年滚动实施 20 项民生工程。《河北省 2022 年 20 项民生工程实施方案》明确了 20 项民生工程主要任务：

1. 棚户区改造工程。2. 城镇老旧小区改造工程。3. 城中村改造安置房建设工程。4. 城市改造提升工程。5. 生活垃圾无害化处理工程。6. 城市公共停车设施建设工程。7. 农村厕所改造提升工程。8. 农村生活污水无害化处理工程。9. “四好农村路”提升工程。10. 农村生活水源江水置换工程。11. 就业促进工程。12. 养老服务提质增能工程。13. 精准助残服务工程。14. 政务服务就近办、网上办、自助办提升工程。15. 义务教育学校扩容增位工程。16. 文化体育惠民工程。17. 康复中心服务能力提质工程。18. 婴幼儿照护服务试点示范工程。19. 孕妇产前基因免费筛查工程。20. “河北福嫂·燕赵家政”提升工程。

六、加快建设公平正义、平安法治的现代化河北

河北省承担着拱卫首都安全和服务京津及全国改革发展大局的政治责任，责任重大、使命光荣。河北省第十次党代会提出，加快建设公平正义、平安法治的现代化河北。全过程人民民主不断发展，依法治省全面推进，共建共治共享的社会治理格局更加完善，防灾减灾抗灾救灾能力明显增强，防范化解重大风险体制机制不断健全，平安河北建设迈上新的台阶，拱卫首都安全的钢铁长城更加牢固可靠。

过去五年，全省和谐稳定的良好局面持续巩固发展。一是社会治理体系和治理能力显著提升。全省上下认真贯彻习近平总书记“加强和创新社会治理”的重要指示，深化乡镇和街道改革取得良好成效，基层综合行政执法改革“一支队伍管执法”经验在全国推广。深化宗教治理，“双创四进”和“三项制度”有效落实。2021 年，开展“三基”建设年活动，基层社会治理水平稳步提升。二是平安河北建设扎实推进。圆满完成庆祝建党 100 周年安保任务。坚决打好防范和化解重大风险攻坚战。重大风险得到有效化解，精准拆弹，依法处置卓达、轻易贷等涉众非法集资案件，政府债务率处于全国较低水平。坚持新官理旧账，开展违法违规占用土地、矿山综合治理等 6 个重点领域清理规范和人大系统“6 +1”联动监督，解决了一大批历史遗留问题。2016 年以来，全省生产安全事故起数、死亡人数分别下降 22.9%、22.4%。食品药品监管力度加大。信访积案基本全部化解，涉法涉诉案件全部清零，信访形势发生根本性转变。防灾减灾救灾能力不断增强。三是法治河北建设取得新

进展，制定出台《河北雄安新区条例》《河北省节约用水条例》《塞罕坝森林草原防火条例》等地方性法规。政法队伍教育整顿成效明显。扫黑除恶专项斗争成效明显，累计打掉黑社会性质组织 166 个、恶势力团伙 1579 个，“一案三查”做法在全国推广。

加快建设公平正义、平安法治的现代化河北，要着力统筹发展和安全，坚决当好首都政治“护城河”，大力推进社会治理体系和治理能力现代化，打造更高水平的平安河北和法治河北。深入践行总体国家安全观，坚决维护国家政权安全和制度安全。加强和创新社会治理，全面抓好信访维稳、扫黑除恶、安全生产、防汛、森林草原防火、食品药品安全、防灾减灾救灾等工作。始终坚持我国宗教的中国化方向，持续深化宗教治理和“双创四进”活动，严格落实“三项制度”。稳妥有序化解金融、政府债务、房地产等领域风险。筑牢“三道防线”，拱卫首都安全。深化全面依法治省实践，巩固拓展政法队伍教育整顿成果，健全权力监督制约机制，让人民群众在每一起司法案件中感受到公平正义。

一是切实维护社会和谐稳定。坚持稳定大局、统筹协调、分类施策、精准拆弹方针，开展金融、政府债务、房地产等重点领域风险隐患排查整治，坚决守住不发生系统性、区域性风险的底线。深化安全生产整治三年行动，强化危险化学品、矿山、道路交通、食品药品等安全监管，推动安全形势持续向好。抓好防汛抗旱、森林草原防火等工作，提升应急救援能力。加强和创新社会治理，巩固信访积案化解成果。健全社会治安防控体系，常态化开展扫黑除恶斗争，严厉打击各类违法犯罪行为，加快建设公平正义、平安法治的现代化河北。

二是毫不放松抓好疫情防控。防疫关乎生命健康，事关经济社会发展大局。坚持“外防输入、内防反弹”总策略，“动态清零”总方针，“坚定信心、同舟共济、科学防治、精准施策”总要求，压实“四方责任”，落实“四早”要求，抓细抓实“十个常态化”30 项措施，科学精准高效做好疫情防控工作。严防疫情外部输入，坚持人物同防，加强口岸管控，严格实行入境人员全程闭环管理，强化中高风险地区来冀返冀人员健康管控，实施冷链食品物品全链条防控，阻断疫情输入扩散渠道。落实内防反弹措施，健全多点触发监测预警机制，强化发热门诊、药店等“哨点”作用，做好重点人群检测排查，严格商超、学校等重点场所管控，健全社区和农村疫情防控体系，夯实专群结合、群防群控基础。加快实现疫苗接种人群全覆盖，形成坚固免疫屏障。提高疫情应急处置能力，突出“快准全严实好”，完善应急预案，提升核酸检测、流调溯源、隔离管控、医疗救治、消毒消杀等能力，加快3家省级重大疫情救治基地建设，确保发现一起、精准高效扑灭一起，最大限度减少疫情对经济社会发展的影响。

三是加强国防动员和国防后备力量建设，强化退役军人服务保障，维护军人军属、英烈家属合法权益，巩固军政军民团结良好局面。深入实施中长期青年发展规划，发挥工会、共青团、妇联等人民团体桥梁纽带作用。做好民族宗教、新闻出版广电、外事侨务、人防海防、气象地震、援藏援疆、妇女儿童、老龄、残疾人、红十字、关心下一代等工作。

后　记

参与本书编写工作的同志有：河北省社会科学院刘来福、郑英霞、刘海焕、张艳、赵向东、秘斯明。河北省社会科学院二级巡视员刘来福同志具体协调了书稿的编写和出版工作，经济教研处（金融财税研究中心）一级调研员郑英霞同志具体协调了书稿的修改工作。

本书在编写过程中，河北省社会科学院副院长袁宝东同志审定了编写提纲，并对全书进行了统稿。河北省社会科学院院长康振海同志对全书进行了最终审定。

本书在编写过程中参阅了大量资料和文献，力求科学分析、精准阐释国家和河北省相关经济政策，并提出操作性较强的对策性建议。由于时间和水平有限，难免有不妥之处，敬请读者批评指正。

编者

2022 年 6 月